# 「感謝力」で真我に目醒める

原 久子
Hisako hara

ロング新書

まえがき

# 目醒めへの近道は感謝力にある

最近、目醒めという言葉が多くの人々から聞かれるようになりました。

目醒めという言葉を使っている方は、いろいろな解釈を持っていると思いますが、多くの方々が今、目醒めが必要と感じ始めていることは間違いないと思います。

では目醒めるとは本来どういうことなのでしょうか。

目醒めとは、本来の私たちの本質である崇高な自分を思い出し、その本質である愛や感謝の心で生きていくことです。

その崇高な自分のことを、真我とかハイアーセルフ、または仏性、内なる神などと言っています。

その崇高な自分を思い出すために、誰でもできる方法が、真我（ハイアーセルフ）の本質である「感謝」を引き出すことなのです。

現実の世界は、私たち一人ひとりの内側の世界（心の中）の投影であるので、平和で安全な社会を求めるのであれば、私たち一人ひとりの心の中が、安らぎと感謝で満たされる必要があるのです。

私たち一人ひとりの心の中が感謝であふれ、幸せであれば、その家族は幸せになります。そして、幸せな家族が増えれば、その地域は平和になり、平和な村や町が多く集まってできている国は、安全で平和な国になるでしょう。さらに、安全で平和な国が増えれば、地球上から争いが消えていくことと思います。

ですから、今の現状を変え、幸せな人生を歩みたければ、私たち一人ひとりが目醒めていくことではないでしょうか。

目醒めるために誰でもが今すぐにできる方法があります。それは、感謝の気持ちを育て、その気持ちをまわりの人々に表現し、常に感謝の心で生活し、その心で存在することです。

感謝は、表現することによってその気持ちが相手に伝わり、相手の気分をよくし、その結果、相手の喜びが私たち自身に戻り、私たちの心を豊かにします。

すると、ますます感謝の気持ちが生まれ、よい循環が始まっていきます。

さらに、感謝の力は人間関係を円滑にし、私たちの理想や希望が実現する方向へと導いてもくれるのです。

この本では、今までの感謝の気持ちが薄かった方、人生に希望を見出せず悩みの渦中にいる方、または仕事や生活は順調であっても真に幸せを感じられない方などが、感謝にあふれ、幸せな人生を送れるための方法を書かせていただきました。

この本を手に取られた方が感謝力を身につけ目醒めていき、真に幸せな人生を歩んでいただけることを切に願っています。

原　久子

## もくじ

付録Ⅱ



付録Ⅲ

# 1章

# 目醒めるための秘訣は感謝力にある

## だれもが「幸せ」を求めている

多くの人は、生まれてきてからなんとなくですが、幸せになりたいと思っているのではないでしょうか。一生懸命仕事をするのもそのためですし、家族のために毎日料理を作ったり、子育てしたりしているのも、そのためだと思います。

なんとか頑張っていれば、いつか幸せがやってくるのではないか。そう思いながらみんな生活しているのではないでしょうか。

ところが、それでもなかなか心が満たされないために、幸せというものはどこか遠くにあるのではないかと思っている方が、けっこう多いようです。

チルチルとミチルで知られる『青い鳥』という有名な童話がありますが、この話は、二人が青い鳥（幸せ）を探して、過去や未来へ行ったり、さらにいろいろなところを探し回って、結局は家に戻ってみたら、それは自分の中にあったことに気づいたという、象徴的な童話だと思います。

私たちは目に見えるものは信じられますが、見えないものは信じられません。

そのため、お金が入ったら幸せだとか、大きい家に住めたら幸せだとか、いい人と結婚できたら幸せだとか、そのように考えがちです。

外側にある何かを得たり、自分がこうしたいと思うことが実現すれば幸せだと思っている方もけっこう多いと思います。要するに、多くの人が物質的なものを手に入れたら幸せだと思っているわけです。

ところが、東大を目指して勉強一筋に頑張ってきた人がせっかく東大に受かっても、五月病にかかり、自殺してしまうというケースもあります。また、ノーベル賞を受賞した人が、自殺までいかなくても、受賞後に死にたくなるということもあるそうです。なぜかというと、一生懸命頑張ってきて、一つの目標を達成してしまうと、そのあと一気に気が抜けて、虚脱感や虚無感のようなものに襲われるからだろうといわれています。

ですから、とにかく一度、「幸せとは何なのか」ということをよく考えてみる必要があるのではないでしょうか。このようなことは、今までだれも教えてくれなかったし、ふだんはあまり考えていない人が多いと思うからです。

## 幸せは物だけでは得られない

たとえば、テレビなどで、立派な家に住んだり、高級車を乗り回したりしている人たちを見ると、自分を幸せと思えない人の場合は、勝手に、あの人は幸せだ、というふうに思いこみがちです。自分にないものをもっている人が幸せであるかのように錯覚して、その人と比較して、いつも自分は不幸だと思っている人もけっして少なくありません。

しかし、私たちが一見幸せそうに見える人たちの裏も表も本当に知っているかというと、そうではありません。幸せだと思われる人たちにも、その人なりの悩みがいっぱいあるかもしれないのです。ただ、私たち自身のほうの勝手な思い込みで、そう思っているだけなのかもしれません。

さらに、よく病気になったり、自殺が多いのは家を新築した後です。やっとマイホームを建て、引っ越しをすませたあとに、急に自殺したくなったり病気になったりという例はよく耳にします。結局、実際に大きな家に住んでみたら、自分が思い描いていたものと全然違っており、本当に幸せになるかと思ったら、余計に忙しくなって、心の余裕がなくなり、幸せを感じられなかったという例もよく耳にします。その理由としては、マイホームに移るために、通常の仕事以外に物の整理や片付け、それに引っ越しなどが加わり、疲労が重なることでイライラや病気が引き起こされていることが考えられます。

今、お話ししてきたように、一般に「幸せ」というものは、物を手に入れたとき、つまり物質面で十分に満たされたときに得られると勝手に思っている人が多いのですが、実はそうではなくて、それは「幸せ」をどれだけ「幸せ」と感じられるか、という能力にかかっているのです。ですから、何も物がなくても、ひじょうに幸せな人も世の中にはたくさんいるわけです。

どんなに物質面で満たされても、心に虚無感があり、心が満たされていなければ少しも幸せではない、ということだと思います。

特に、文明が進んでいけばいくほど、心のほうが空洞化してしまって、忙しくて心が置き去りになっている場合が多いようです。

## 感謝が深いときに幸福感を感じる

では、「幸せをどれだけ幸せと感じ取れるか」という能力は、身につくのか、そのことを次にお話ししたいと思います。

皆さんはどのようなときに「幸せ」と感じられるでしょうか。大きな家に住めたときとか、よい伴侶に出会えたときとか、そうしたときには、一瞬は幸福感に包まれるでしょう。でも、そうした感動はすぐに冷めていき、その状況に慣れてしまいます。

では、幸せを感じるときというのは、どういう状況かというと、それはものすごく感謝の念が出ているときだと思います。「幸せで、ありがたいな」という瞬間を私たちはとても「幸せ」と感じるのです。つまり、多くの人は感謝が深いときに、この上ない幸福感が感じられるのです。

逆にいうと、いつでも幸せでいるためには、ずっと感謝の深い状態にいればよい、ということになります。なにか特別なことが起きたり、ラッキーなことに出会うということではなくて、ここにいて、空気が吸えて、歩ける足があって、手があって……そうした何でもないことに対しても感謝できたら、その人は本当に幸せです。そのように、いま与えられていることを多くの人がけっこう忘れていて、「自分は不幸だ、不幸だ」と思っている場合が多いようです。

## 真我とは私たちの「内なる神」または「ハイヤーセルフ」のこと

また不思議なことに、感謝が深いときや感謝の気持ちがあるときというのは、「真我《しんが》」（ハイヤーセルフ）とつながっているときなのです。

いつもお話しさせていただいているように、私たちの心というものは一〇パーセントの表面意識と九〇パーセントの潜在意識で構成されています。その潜在意識のいちばん奥深くに「真我」という、宇宙意識と直結した部分があります。それは「内なる神」ともいわれていますが、学歴や地位や名誉などとはまったく関係なく、だれの心の中にも存在しているのです。

では、その真我とはどういうものかというと、感謝、愛、喜びといったプラスのエネルギーに満ちあふれた世界なのです。もともと自分の内側にそうした真我が厳然としてあり、それが私たちの本質なのです。ただ、今までそういうものがあることも知らなかったし、だれからもその存在に触れる方法を教えてもらえなかったために、真我の存在に気づけなかったのです。

この真我の本質である愛や感謝の心を持った自分が崇高な自分なのです。この自分を思い出し、その心で生きていくことが目醒めなのです。

たとえ素晴らしい水をたたえた井戸がいくらあったとしても、ずっと土で埋もれたままであったら、だれかがそれを見つけて掘りかえさないかぎり、だれもその存在に気づかないし、使うこともできません。

真我もそれと同じです。潜在意識のいちばん奥深いところにあるので、なんらかの方法をとらないと、そのエネルギーとの接点がなかなかもてないのです。そのため、私は心の曇りを取るということ、つまり「心の浄化」をおすすめしているのです。

## 思ったり感じたりしたこと全部が無意識に記録される

私たちが生まれてから今日までに、思ったり感じたり行動したりした、いろいろなことが無意識の中に刻まれています。私たちの心の中にある潜在意識の一部に無意識があるわけです。

潜在意識の一部に無意識があります。無意識にはすべてを記録する場所があり、そこに、思ったり感じたりしたことが全部、一瞬一秒の狂いもなく、無差別に記録され続けているのです。自分がこんなことは記憶したくないと思っても、思ったり感じたりしたことがすべて記録されます。また、良いとか悪いとか、そういうこととはまったく関係なく記録されるのです。

このように、無意識には、当然、親の考え方や教育などの影響も受けて、その時々に感じたことや思ったことなどが蓄積されていきます。親がすごく心配性だったり、取り越し苦労の性格であったりすれば、生まれたときからすでにそういうエネルギー、つまり心配の波動が全部入ってきてしまうのです。

カルマというのは、私たちの「思い方の癖」のことなのですが、無意識の中には個人的な業《ごう》というカルマももちろんありますが、両親のカルマ（＝思い方の癖、気質とか性格）いうものにも当然、影響を受けるわけです。さらに私たちは、おじいさんやおばあさん、そして先祖から代々続いてきているのですから、先祖のカルマのようなものも当然、無意識の中に入っていき、影響を受けています。

さらには、カルマというのは地域のカルマや国家のカルマ、地球のカルマなどもあるわけです。無意識の中には、自分の意思とは関係なく、そういうものが詰まっているところなのです。ですから、どうしても私たちはそうしたものから影響を受けてしまうことになり、無意識のコントロール下に置かれているのです。

このように私たちは、無意識に常にコントロールされてしまっているので、自分はこうしたいと強く思っても、思った通りには行動に移せず、とんでもないことをしてしまうことになりかねないのです。こんなことをしたら不幸になるとわかっても、ついついそれをおこなってしまったり、自分は今日からこのようにやるんだ、と思っていても、なかなか思うようにいかないことが多いのです。

そのため、なんでこんなふうになってしまうのかと、自分を罵倒したり、責めたり、自分はだめだと思ったりしてしまうのですが、それは地球上の人間がそういうふうにつくられているからなのです。そのことをまず知ることが大切だと思います。

## 「心の浄化」は無意識の支配から逃れる方法

そこで、どうしたらその無意識にあるもののコントロール下から逃れられるかというと、無意識にあるものを直視すること、認めることです。ところが、多くの人が自分の無意識下に何があるかも気づいていません。また、なんとなく自分の内側から出てくるマイナスの感情に気づいても、そのような嫌な自分は見たくないわけです。自分はそんなはずはない、などと思って、嫌なものは拒絶し、ふたをして見ないようにしているのです。

ところが、つらくても醜い自分の心と正面から向き合ってきちっと見ると、それは無意識ではなくなってしまうのです。つまり、無意識というのは意識していないから無意識といわれるわけです。

親のカルマだ、家族のカルマだ、といっても、それがどのようなものか、私たちにはよくわかりません。ところが、自分の中にこういう醜い面がある、こういう嫌な自分がいる、ということを実際に認めてしまうと、それが表面意識にあがってきます。そうすると、無意識下にあったトラウマから解放されるわけです。ですから、自分のドロドロした醜い部分を見るということは解放につながるのです。

真我実現セミナーの中では、「心の浄化」というシステムで、それをおこなっています。心の浄化が進むと、無意識の中にあったものがだんだん表面に出てくるので、コントロールされるものが少なくなっていきます。

そうすると、本来、私たちの心のいちばん奥にある真我（ハイヤーセルフ）のエネルギー、愛とか感謝とか喜びといわれるプラスの思いが、心の中にあふれるようになっていきます。今までは無意識の心の曇りで真我のエネルギーにベールがかかっていたために、私たちは自由に真我のエネルギーと触れることができない状況下に置かれていたのです。

ですから、そこで常に感謝していられるような自分になるためには、心の曇りを晴らすことが必要であり、それは、具体的には、無意識にあるものを見ていく、ということなのです。

## 心の中をただ見ていき、あとは真我にいやしてもらう

その場合には、まずは「ただ見ていく」だけでよいのです。自分の心の醜い面や嫌な面を見て、「なんとダメな人間なのだろう」と自分を責めたり、非難したり、あるいは自己嫌悪に陥ったりすることは、心の浄化とはまったく関係ありません。ただ、現実をあるがままに認めればよいのです。すると自然に真我とつながり、真我からのいやしが始まります。心というのは、見ていけば自然にそれが解放されていくシステムになっています。ただ淡々と見ていく、それが真我実現セミナーの一つのカリキュラムなのです。

ですから、まず、無意識に記録されている、生まれてから今日まで、思ったり、感じたり、悩んだりした、いろいろなマイナス的な思い、つまり心の曇りですが、それらを全部晴らしていくと、ある日、突然、感謝がふつふつと湧いてきます。

最初から感謝が湧き上がる人はいないので、6章で感謝を引き出す五つの方法をお伝えいたしますが、とにかく、私たちの心に感謝の気持ちが常にあったら、心は満たされ、幸せな気分でいられるのです。

## 感謝が深まっていくと真我とつながる

「不満」という字があります。ご存知のように「満たされていない」と書くのですが、何が満たされていないのかというと、心が満たされていないのです。ですから、不満があるときは、おもしろくないわけです。

では、どうして満たされていないのか。それは真我から離れているために、愛や感謝のエネルギーを受け取れなくなっているからなのです。真我から離れれば離れるほど、心というものは空洞のようになって、虚無感とか寂しさとか悲しみとか、そういうものしか出てこないのです。

私たちの心は満たされていれば、感謝とか愛とか喜びの世界にいられるのですが、それが閉ざされていれば、むなしい、悲しい、つらい、おもしろくない、不満感の世界に入っていくしかないのです。そのどちらかの世界しかないわけです。

私たちはどちらの世界に常にいられれば幸せかというと、当然、愛、感謝、喜び・平安などの真我の世界ではないでしょうか。

私たちが、無意識の中にあるマイナス的な自分の側面を見て、心の曇りがしだいに取れていき、感謝が深まっていくと、真我とつながります。真我というのは、すでに何度かお話ししましたように、宇宙と直結した「本当の自分」でありハイヤーセルフのことです。

それに対して、私たちが一般に「自分」と思っているものは、本当は偽者（エゴ）の自分で、これを「偽我《ぎが》（エゴとも言われる）」といいます。

幸せを感じているとき、感謝や喜びにあふれているときは真我と共にあるのですが、どうも心が満たされていないとか、葛藤があるとか、イライラしているときなど、そういうときは、偽我という「偽りの自分」の支配下にあるということです。

## 真我の願いとは

私たちが本当に真我とつながり始めると、しだいに「真我の願い」というものがあることがわかってきます。この人生で、真我が私たち自身にこうしてほしいという、真我が求める願いがあるわけです。それが感じられるようになるのです。本物の自分である真我が自分に願っていること、それが使命でもあり、この人生での役割です。それがわかったときには、迷いがなくなります。

今までは何をしてよいのか、本当にこれでよいのかと、なかなか方向が定まらなかったし、そういうことで恐怖感もあって、思うように前に進んでいけなかった方も多くいたのではないかと思います。

ところが、真我の願いがわかってくると、情熱が湧いてきて、このために私は生かされているんだ、これをするために自分はこの世に生まれてきたのだ、という確固たる信念が生まれてきます。

そうすると、迷いがなくなり、そのために日々やるべきことはいくらでも出てきますし、そのための方法論も真我からインスピレーションとして与えられます。ですから、真我とつながって、真我の思いというものが自分の中に伝わってくると、何ともいえない幸福感が生じてきます。さらに生きがいも生まれ、ささいなことにも「ありがたいな」という感謝の気持ちが生まれてきます。

## 希望とは真我の望み

「希望」という字をご存知と思いますが、希望というのは、よい言葉だと思いませんか。「希望の星」だとか「希望の実現」だとか、希望ということは未来の幸せ感につながるものではないでしょうか。でも、その希望の本当の意味を知っている方は少ないようです。希望という字をよく見ていただくと、「希《まれ》なる望み」と書いてあります。

希望というのは、自分の願いが何でもよいからかなえば、それが希望だと思っている方もいるかもしれませんが、本来、文字というものは不思議なもので、漢字は皆、叡智《えいち》のある人たちがその真髄をつかんで作ったものなのです。

そして希望、「希なる望み」というと、それはどんな望みなのでしょうか。ふつう、一般の人が望むような我欲の望みではないということです。

我欲の望みには、ただお金が欲しいとか、宝くじで三億円が当たればよいとか、出世したい、大きい家に住みたいなど、さまざまな望みがあります。そうした多くの人たちが望むような望みとは違って、「希なる望み」は我欲を捨てたときにはじめてわかる「真我の望み」を指しているのです。

私たちが願いをかなえるのに二つの方法があります。一つは、我欲をもってかなえるもので、それは念の力を使った成就方法です。もう一つは、真我の応援を得て希望が実現するという方法です。

## 我欲の願い

政治家とか実業家の中には、我欲にもとづく強い念の力で、いろいろな思いや願望をかなえている人が多くいるようです。ところが、我欲でかなえたものというのは、一瞬の自己満足はあるものの、心が満たされず、幸せ感が得られないものです。

我欲というのは、人の足を引っ張ってでも地位や名誉、そして欲を満たしたいと思うような願いです。政治家などに見られることがありますが、相手の弱点や欠点を主張しながら、自分がのし上がろうというわけですから、相手を悪者にして勝ち取ったようなものは、いずれ今度は自分が足を引っ張られて、失うはめになるでしょう。

私たちは、自分の物差しでしか人を見ることができないようになっているので、相手を悪者にする人は、自分も人から悪者にされると思うので心が安らぐことがないのです。

私たち人間は、自分が今まで生きたようにしか、人を測れないものです。人を悪者にする人は、人は皆そういうものだと強く思いこんでいるので、この地位をいつかは別の人に奪われるのではないか、という心配が、その地位を得た瞬間から始まるわけです。

また別の例でいえば、たとえば奥さんがいる人、妻帯者の男性を自分が気に入ったから、なにがなんでもこの人を勝ち取るんだと思って、現実に奥さんからその男性をうばって結婚をする人もいます。そういう人は、それで一見うまくいったと思って結婚しますが、そのとたんに心配が始まります。

自分がそういうことをして、その男性もOKしたわけですから、この男性はまただれか別の女性が出てくれば、きっと同じことをするにちがいないと思うのです。今度は自分が同じ目に遭うのではないかと思ってしまうので、そこから不安が始まります。そのため、永遠に安らぐことがなく、また喜びもないでしょう。一時の自己満足はあったかもしれませんが、それは本当の幸せではけっしてないのです。本来、幸せというのは、常に心が安らいで、感謝がふつふつとこみ上げてくる状態を指していると思うからです。

## 真我の願いは禁欲的なものではない

ですから、我欲で願いをかなえるのか、真我の応援を得て願いをかなえるのかで、幸せというのは大きく違ってきます。本当の希望というのは、真我が望む願いのことなのです。真我が望む願いというと、きっと世の中のものをすべて捨てなければならないとか、世捨て人になったり、尼さんやお坊さんのような気持ちにならなければいけないのかと思ったり、清貧《せいひん》に甘んじなければいけないのではないかというふうに感じている方がいるかもしれません。でも、実際はそれとは全然違うのです。

私がまだ二十代で、高橋信次先生と出会った頃のことです。それは、ちょうど先生が亡くなられる半年前のことですが、特別の訓練をさずけて自分の後継者を育てようと思われたらしいのです。その訓練に参加するように私にも声をかけていただきました。

高橋先生は、一週間も二週間も一緒に山に入って、ご自分の教えの真髄を教えてくださるといわれたのです。それに参加すれば、霊能力も高まり、いろいろな能力が得られるともいわれました。すでにヨーガとか瞑想の世界のことを勉強していましたので、これは素晴らしいチャンスだと思いました。

しかし、それには条件があったのです。そのかわりに、今やっている仕事を全部やめて、自分のところの職員になってほしいといわれたのです。

そのことが私にはひっかかったのです。その頃の私はまだ心の浄化もしていないし、現世的な欲がいろいろありました。二十九歳ぐらいで、世の中の楽しみを全部捨ててしまって、行者のような生活をするにはまだ早いと思ったのです。精神世界の職場で働いたら、きっと、自分の食べたいものも食べられず、素敵な洋服も着られないだろうと思いました。また、したいこともできないし、遊ぶこともできないのではないか、など……。

自分の中で勝手にそういうイメージがふくらんでしまったのです。当時は、真我の世界のことを知らないので、精神世界に身を置くためには、清貧に甘んじなければいけないように思ってしまったのです。

それで私はそのお誘いを断りました。そうしたら、半年後に先生が亡くなられてしまったのです。そのとき、すごいショックをうけ、もし先生が亡くなられることがわかっていましたら、絶対に特訓を受けさせていただいていたのにと思いました。そして、あのときお断りしてしまったことを一生涯の不覚だ、とも思いました。

それで、高橋先生が亡くなられてから、私は心の浄化をする決意を固め、今日まで心の探究を続けてきました。

実際に私が真我と出会ってみてわかったことは、真我の世界は、その当時の心が曇っていたときに考えていた世界とはまったく逆だった、ということです。

## 必要なものが全部与えられる世界

真我というものは、自分にとっての幸せを全部知っています。その人がどうしたら幸せになれるかを全部わかっているということです。それは、ものすごく豊かな世界です。真我に出会うと、感謝や愛の思いが心の中の多くを占めるために、心がしだいに豊かになっていきます。心が豊かになると、物質面でも豊かになっていきます。

そのわけは、この現実世界である三次元の世界で現実化することは、異次元の心の世界に比例しているからです。

私は以前、心の法則を知らない頃は、反対に考えていました。たしかに、いつも感謝があって、愛にあふれていたら幸せだろう、ということはわかるのですが、そのかわり物質的には、あれもしてはいけない、これもしてはいけないと、いろいろなことが制約されるのではないだろうか……と。そんなふうに勝手に思っていたのです。

ところが、実際はまったくその逆で、「えー」と驚くくらい、与えられる世界です。もうそんなに与えられても、体は一つしかないから対応ができないんじゃないか、というくらい、自分にとって必要なものがほとんど与えられる世界なのです。

私の場合は、原稿を書くために別荘が欲しいなと思ったらすぐに与えられ、二十年くらい前にインドに行ってみたいと思うと、ある旅行社から「原久子インド瞑想の旅」を組んでくださいと依頼され、すぐに実現しました。その他にも、真我に願ったことはほとんどかなえていただけました。このようにして、自分が本当に必要なものであれば、お金でも、人でも、何でも与えてくださったのです。まわりの人を不幸にするようなこと以外は、ほとんど与えてくださっています。

真我の世界を実際に自分で体験してみて、本当に素晴らしい世界だと思いました。人脈に関しても、こういう方と接点をもちたいと思うと、そういう方に会えるようになってしまうし、こういう方と友達になりたいなと思うとなれるのです。昔は憧れの人で、絶対に雲の上の人と思うような方とも、現実に身近な関係になって協力していただけるような関係になってしまったりする世界なのです。

これはご自分が実際に体験しないとわからない世界ですから、皆さんにもぜひ心の曇りを取って真我と出会ってほしいと私は願っています。それで、私は今日まで縁のある方にこのことをお伝えさせていただいているわけです。ですから、真我の世界のことを知らなかったらもったいないないと思います。

## 真我は常に皆さんを幸せにしたくてしかたない

真我というのは愛のエネルギーです。遺伝子の研究で世界的に有名な村上和雄先生は、それを「サムシング・グレート」とも呼んでいますし、さらには「大いなる自己」とか「キリスト意識」ともいい、「ブッダ意識」ともいわれます。それはエネルギー体ですから、かたちには表せないのですが、すごく豊かな世界なのです。たとえていうなら、ちょうど子供に必要なものをすべて与えて幸せになって欲しいと願う、親のような愛情です。そのくらい豊かさを押し付けてくるのです。

真我とは、神様、サムシング・グレート、ハイヤーセルフ、大いなる存在、等々、何と呼んでもよいのですが、真我は皆さんに幸せになってほしくてしかたないのです。私たちはこの地上に生まれてくるのに、不幸になろうと思って生まれてきた人など、だれ一人としていないのです。皆、幸せを求めています。ですから、生まれたときから、なんとなく、だれでも幸せということを、どこかで漠然と思って生きてきたのです。

人生の途中で、いじめに遭ったり、いろいろ悩んだり、苦しんだりして、心がひねくれてしまい、「自分は不幸なんだ、一生不幸が当たり前なんだ」というふうに思ってしまっている方もいらっしゃるかもしれません。でも、子供のときに、幸せになりたいと思ったことがない方は、まずいないと思います。それは、人間そのものが幸せになれるようにつくられているからです。

自分の思い方、感じ方ひとつで、本当はだれでも幸せになれるのです。別にだれかの力を借りたり、どこかの宗教に入ったり、何かを拝んだりなどしなくても、自分の中に真我があるのですから、それに出会えばよいだけです。その真我は常に皆さんを幸せにしたくて、したくてしょうがないし、サポートしたくてしかたないのです。

今まで皆さんは、そういう存在が自分の中にあることを知らなかっただけなのです。とにかく、真我はあれもこれも何でもプレゼントしたいのですが、私たちの側が、ただそれを受け取らなかっただけだということです。

## 真我のプレゼントを受け取れない理由

では、どうして受け取らないかというと、「私は無理だ、だめだ」と常に思っているからです。「私なんかは」とか、「私がそんなことをできるはずがない」と全部自分で制限して、自分で拒絶しているのです。ですから、真我は望むものを皆さんに与えたくても、与えられないのです。「いいです、私にそんな資格はありません」といわれたら、与えたくても与えようがないのです。求めないものは与えようがありません。

イエス様もおっしゃっています。「求めよ、さらば与えられん。たたけよ、そうすれば開かれるであろう」と。「無理だ、無理だ」といっているものを、真我も与えようがないわけです。このような真理を知らないと、私たちはせっかくの大きなプレゼントをいただけない状態にあるのです。

ですから、本当に自分の真我の存在を知り、感謝を深めていって、真我と触れ合うようになってくると、「ああ、自分は許されている」ということがわかります。よい人だったからとか、悪いことをしたからとか、そういうこととはまったく関係ありません。皆、こうして無事に生きているということは、すでに許されているということです。許されていなければ生きていないでしょう。

ここに、こうして私たちが存在していられる、ということは、許していただいているということの証です。それに気づいていくこと、それが内観法《ないかんほう》であり止観法《しかんほう》であり、対人関係の調和法なのです。私たちはただ、それに気づけばよいのです。気づいたときには、本当にありがたくて、感謝以外なくなってしまうものなのです。

ですから、自分がだめだとか、できないとか、そうしたことを見てくださいといっているわけではないのです。ただ、今まで気づいていない、自分の無意識の中にあるもの、すなわち心の曇りをただ直視し、それに気づけばよい、ということです。

私たちがそのことに気づき、「こんなにひどい自分なのに、これだけのものが与えられている」ということを感じたときに、感謝が自然にこみ上げてきます。

心の浄化が大切だというのは、このためです。ですから、縁のある方に心の浄化をおすすめしているのです。浄化をしてみたいと思われる方は、まず内観から始められたらよいでしょう。

私の著書を読まれた方から、しばしば相談を受けることがあります。「真我実現セミナー」に行きたいと思っているのだが、家族がうるさくて行かれないとか、お金がないから参加できないとか、遠いから行かれないとか、そういったことです。

そのような方の場合、皆さんは、だめな理由ばかりを考えて、自分に今できることは何かを考えないようです。

## ＩＴ関係の取締役だったＮさん

これに関して、「真我実現セミナー」を受けた一人の方の例ですが、素晴らしい成果が出ていますので、ここでご紹介させていただきます。

その方は、ＩＴ関係の取締役だった男性Ｎさんです。かつては、今はやりのＩＴでバリバリ仕事をされていたということです。きっとエリートだったのでしょう。エリートコースを歩んで、友達が会社を設立したので、自分もその会社の取締役になったとのことです。そして、最初は仕事に燃えて働いていたのですが、社内での人間関係で葛藤が生じ、そこへもってきて忙しさもあって、すっかり落ち込んでしまったのです。

その結果、頭痛に悩まされ、会社へ行きたくない、仕事も手につかない。何かを考えようとすると、頭が締め付けられてしまい、全然仕事ができない状態になってしまいました。それでやむを得ず、奥さんも小さい子供もいるのに、会社を一時休むことにしたのです。

それで半年間、いろいろな治療を受けるために、あちこちの病院へ行ったそうです。その治療のために、お金も全部使いはたしてしまい、貯金はゼロ状態になってしまったのに、いっこうによくならず、薬を飲んでも何をしても効果がなかったということです。

そのとき、たまたま私の本を読まれたらしいのです。もしかしたら、これで治るかもしれない、という希望をもったそうです。そして、ホームページで「真我実現セミナー」のことを知って、自分はこれで救われるかもしれないと思ったということです。

## セミナーを受講するお金がありません

それで、私のところに手紙を寄せられました。「本当にこれで自分は救われると思います。でも、現実がこういう状況なので、セミナーを受講するお金がありません。どうしたらよいでしょうか」というような内容の相談でした。

私はその手紙を読んだときに、手紙の文面から、とても人柄のよい方だというのを直感しました。今は悩んでいますが、とても素晴らしい素質のある方であることが、波動で伝わってきました。それならば、なんとかこの方にお返事を書かせていただこうと思って、社員に次のように伝えてほしいといって手紙を出してもらいました。

その内容は、だいたい次のような趣旨です。

「今できることをやったらどうでしょうか。お金がないなら、ないなりに、今できることをやることです。ちょうどその前に二日間の内観セミナーがあるので、まずこれに出席されたらいかがでしょう。東京に住んでおられるので、このセミナーなら参加できるのではないでしょうか。真我実現セミナーへの参加がダメだから絶望するのではなくて、今できることをまずやってください」。

このようなことをお伝えしましたら、そのセミナーに参加したい、ということになりました。悩みをかかえ、つらそうな感じでしたが、それでも一応は参加されたのです。ところが、Nさんは内観セミナーをたった二日間受けられただけで、なにか希望が見えたらしいのです。それで、なんとしても真我実現セミナーに出たいという気持ちが湧いてきたそうです。

## 二日間の内観セミナーで頭痛が完治する

ではどうしたらよいか。そのことを真剣に考えたのでしょう。そうすれば当然、インスピレーションがやってきます。Nさんはそのとき、ふっとある友人の顔が思い浮かんで、その友人に相談したところ、そんな素晴らしいことなら、ぜひ出たらいいですよ、ということで、セミナーの費用を全額貸してくれたそうです。

そして真我実現セミナーに参加され、ワンステップ目の、内観のセミナーを三日間受講したところ、ものの見事に頭痛が取れてしまいました。今までは、毎日、頭痛で頭がガンガンして、五分と考え事をできない状態だったそうなのですが、この三日間は頭痛から解放され、集中して内観ができた、とのことでした。感謝も出はじめて、非常によい状態になられました。感想文も素晴らしいことが書かれていたので、私自身もうれしかったです。

## 今できることから始める

まだ心の浄化を始めていない方は、今できることとして、まず呼吸法があります。呼吸法を毎日五十回から百回位おこなうことをおすすめします。また内観法については、内観セミナーに参加できないときは、ＣＤがありますので、ＣＤを聞いて自宅で内観をすることも可能です。

もし、早く内観を体験したいのであれば、日本全国に内観道場がいくつかありますから、七泊八日、そこに行くというのも一つの方法でしょう。

要するに、道はいくらでもあるということです。とにかく、今できることからやっていくことです。そうすると真我に導かれて、状況がどんどんよい方向に向かっていきます。

ですから真我というのは、心の曇りが全部取れたから何かを与えてくれるのではなくて、真我の求める方向に自分が向いたとたんに、いろいろなプレゼントを与えてくださるようになっています。ですから、私は縁のある方におすすめできるのです。

私自身もそうですが、呼吸法や瞑想が続いている人というのは、真我の存在を実感していて、いろいろな体験をしているので、続けられるのです。

真我の応援を受けたいと思われる方は、今からが第一歩だと思ってください。このようなことを知ったということは、もう真我に向いているということなのです。

# 2章

# 感謝の心が人間関係に調和をもたらす

## 人生の幸・不幸はほとんど人間関係で決まる

私たちの人生の幸・不幸というのは、ほとんどが人間関係で決まってしまいます。どんなにものが豊かであっても、どんな豪邸に住んでいても、家の中でお父さんやお母さんが毎日いがみ合っていたり、兄弟喧嘩が絶えなかったりしたら、少しも幸せではないでしょう。

また、夫婦間でも喧嘩が絶えないのであれば、お手伝いさんをたくさん雇えるようなお金持ちであったとしても、けっして幸せではないでしょう。このように私たちの幸・不幸を左右しているのは人間関係にある、といってもけっして過言ではないと思います。

会社でもそうです。今までの人生を考えていただいたらおわかりかと思いますが、過去を振り返ってみていちばん嫌な時期、思い出としてつらいときというのはほとんどの場合、人間関係にトラブルがあるときではないでしょうか。

子供時代のつらかったときのことを思い起こしてみてください。たぶんお母さんやお父さん、兄弟など、そうした肉親との関係に何か問題があったときだと思います。次に学校に上がると、友達や先生との関係もさらに加わって問題になってきます。

さらに、社会人になって会社に行くと、今度は上司や同僚、部下とのいろいろな人間関係が生じてきます。いま会社で働いている人の場合、自分にとって合う仕事だったとしても、もし人間関係で問題をかかえていれば、ストレスの多い楽しくない場所になってしまいます。

ですから、私たちが本当に幸せになるには、また毎日を楽しく送れるようになるためには、何をさしおいても人間関係を考える必要があるのではないでしょうか。要するに、それを調和する方法を身に付けることが先決だということです。

## 嫌な人間関係こそ成長に役立つ

悩んでいるときはだれでも、自分ほど不幸な人間はいないと思っています。多くの人は、こんなひどい人とかかわったら自分も同じように不幸な結果になる、と思ってしまいがちです。それぞれの人が口にこそは出さなくとも、そう思っていることが多いようです。

ところが、どんな人でも苦手な人との引っかかりを克服する方法というのはあるものですし、私たちは、そうした人間関係を乗り越えられるような人としか出会わないようになっています。私たちが直面する出来事というのは、自分がそれを乗り越えられないものは来ないようにできています。そのように計画されているのです。

なぜかというと、私たちが現実に出会うことは自分にとって意味があり、また自分が引き寄せているからです。

家族関係というのも当然、あの世からこの世に出てくるときに自分が選んで出てきているわけですし、配偶者も自分が選んだのです。職場での人間関係は選べなくても、自分がその職場に行きたくて行ったのですから、同意があったわけです。ということは、おおむね私たちの潜在意識は、この人生で出会う人々のことも想定しているようです。

ですから、嫌な人がいたり、苦手な人に出会ったとか、自分を悩ませる人がいるということは、少しも悪いことではないのです。私たちはそのような人たちとの出会いがあってはじめて成長できるわけです。

もし、よい人ばかりに囲まれていたら、人間としての成長はむずかしいでしょう。自分のまわりが全部イエス様のような人だったら、また全員がマザー・テレサのような人ばかりだったら、どうなると思いますか。そのような愛にあふれた方たちに囲まれた環境では、はたして自分が成長できるでしょうか。

そのような素晴らしい人々に囲まれると、どんなことをしても許されてしまうために、わがままが助長されるようになるものです。そのような例で苦しんで、私のセミナーに参加された方もいらっしゃいます。素晴らしい人に囲まれて生活していた女性Sさんのことをこれからご紹介したいと思います。

## すべてに恵まれた女性Sさんの悩みとは

Sさんは、まわりは皆よい人なのに自分自身を好きになれずに悩んでいました。彼女のお子さん二人もよくできたお子さんで、ご主人はこれ以上よい人はいない、というくらい素晴らしい人格者の方です。職場も皆よい人ばかりで、彼女自身も年商、何億と稼いでいて、女性としてすべてにおいて恵まれています。しかし、自分自身の悩みがあって、私のセミナーに参加されました。

何が悩みかというと、結局、Sさんの悩みは自分の「わがまま」をなんとかしたいということでした。彼女はものすごく純粋で、一本気で、仕事でも何でも努力した結果、今までいろいろなことがうまくいったのです。ところが、自分のわがままが増長され苦しくなってしまったというわけです。

なぜかというと、まわりの人々が、Sさんに合わせてくれてしまうのです。お子さんたちにもお会いしましたが、すごくよくできたお子さんたちで、二十歳前後でまだ若いのに包容力があるのです。そのような環境の中で、彼女は何をしてもだれからも責められず、何でも許されており、お金も時間も自分の好きなように使えていました。

ところが心は満たされず、なぜか突然イライラすることが起こり、自分が苦しくて苦しくて、どうしようもない状態になってしまったのです。その方が私のセミナーに来られたきっかけは家を出てしまったことからでした。

Sさんは人もうらやむような恋愛をして、理想の人と結婚しました。やさしくて、彼女に何でも協力してくれる素晴らしいご主人だったのです。ずっと順調にいっていたのですが、彼女も四十代半ばになり、子供も大きくなって、いよいよこれから自分たちの生活、夫婦だけの生活を楽しめるなというとき、ご主人の還暦のパーティーを自分の家で開きました。家も大豪邸ですから、ホームパーティーをしょっちゅう開けるような家なのです。

## 夫への自分勝手な不満

いざパーティーを開いてみたところ、ご主人は、還暦ですから、集まってきた人は年配者が多かったというわけです。彼女は十数歳年下だったのです。若いときは年齢差は気にならないのでしょうが、いざ自分がある年齢になって、ご主人のパーティーでお客さまを呼んだときに、そこに集まった人たちは年配の男性たちなので当然、髪の毛が薄かったり、仕草が老人くさかったりしたそうです。

彼女がそのご主人の友人たちを見たときに、とてもではないが、私はこんな年取った人たちと今後の人生を一緒に送れないと思ってしまったとのことです。私はまだ若いし、もっともっと可能性があるのに、この人たちと一緒に付き合っていられない、と突然、思い始めて、それでもういてもたってもいられなくなって、家を飛び出したそうです。そのときばかりは、ご主人のことが急に嫌になったそうです。

それで、自分はまだ魅力があるので、これからはもっと若い人と付き合って、余生を楽しみたい、と勝手に思い込んで、子供もご主人も捨てて、家を飛び出たわけです。そして半年間、自分でマンションを借りて生活をし、いろいろな人と付き合ったのだそうです。その結果、いろいろなことがわかったそうです。

それは、ハンサムな人と付き合うとお金がなかったり、今度はお金持ちでハンサムだなと思う人と付き合うと、全然、気が利かなくて話が何も通じないとか、次にスポーツマン・タイプの人と付き合うと、見た目は男らしいのですが、デリカシーがなくてイライラしてしまうなど、次々と不満が出てしまいました。

Sさんは、本当に魅力的な女性で、もてるので、自分がその気になればいくらでも男の人はついてきました。

それでいろいろなタイプの人と半年間付き合ってみて、ようやく気がついたそうです。「なんだ、自分の主人ほど素晴らしい人はいないではないか」と。ご主人と長い間、一緒に生活をしていて、ご主人の素晴らしさがあまりにも当然になっており、当たり前になりすぎていたのです。要するに、感謝がなくなっており、足ることを知らない欲望のほうがはるかに強くなり、もっとよい人がいるのではないかとの思いから家を出てしまったのです。

それではじめて、ご主人に対して、もう一回やり直したいのですが、許してもらえるでしょうか、と電話を入れたとのことです。ご主人とは、とにかく話し合いましょう、ということになって、彼女は半年ぶりで家に帰ったのだそうです。そのときに、「あなたさえよければ、私はもう一回やり直したいのでお願いします」とご主人に頼みました。

そして話し合いのときに、彼女はある提案をしたそうです。「これからは、よりよい夫婦関係でいたいし、余生を楽しく暮らしたい。それで、今までのようにお互いに我慢するのではなく、欠点や不満は本音で話し合って、共に直していきましょう。また、相手に対して望むことがあれば、それも話し合っていきましょう」と。

## 自分の幸せはあなたが幸せになることだけです

彼女はご主人に対して、「あなたは本当に優しくて素晴らしいし、包容力もあってよいのだけれども、とにかく気が利かない。どういうふうに気が利かないかというと、たとえば誕生日などに、昔はバラの花束を届けてくれるなどしていたのに、最近はそれが全然ない。また結婚記念日だったら、自分の好きなレストランを前もって予約しておいて、特別の設定をするとか、そうしたことに、もうちょっと気を利かせてさえくれれば自分は満足なのに」、というようなことをいろいろと話したそうです。それに対してご主人は、「わかった、それなら今後、極力努力していきましょう」というような返事だったそうです。

そして、今度はご主人の番になり、彼女は「どうか私の欠点をいってください。私は欠点は直していきますし、私に何か望むことがあったら、それもいってください」と頼みました。すると、ご主人は何といったと思いますか。それを聞くだけで私も涙が出てしまうのですが、こういわれたそうです。「自分の幸せはあなたが幸せになることだけです」と。

それを聞いて彼女は頭が真っ白になったそうです。そして相手に要求ばかりしていた自分を恥ずかしく思い、目が覚めたそうです。ご主人はそこまで彼女のことを思っていて、彼女にどうしてほしいとかいうような要望は何もなかったらしいのです。

「あなたはそのままでいい。すべて、あなたが幸せになることだけが私の幸せだ」といわれたときに、彼女の中のすべてのものが崩れ去ったとのことです。

逆に自分はこのままでは申し訳なくて、この主人とは一緒にいられない。今の自分だったらとても夫を幸せになんかできない、と思ったということです。

それで一大決心をして、私のところに連絡があり、お会いすることになりました。

「私は主人ともういっぺんやり直すために、自分の問題点を知りたいのです。主人には何の問題もなく、問題があったのは自分のほうだったのですから、自分を変えるしかないのです」といわれ、とにかくセミナーを受けたいという話になりました。

## 遠方から毎月、セミナーに通う

こうして彼女は遠方から毎月三日間、四回にわたり真我実現セミナーを受けられたのです。そして、瞑想を通して得られたインスピレーションを実践されたところ、自分の問題点は結局、わがままが昂じて心が満たされなかったことだと気づかれました。また、心が満たされなかったのは感謝が不足していたからだ、ということにも気づかれました。

その結果、ご主人との関係がよりよい関係になり、さらにお子さんたちとの心の交流も、今までになかったほど深いものになったとのことです。だれでも感謝がなくなれば、どんなに欲望が満たされても一時の満足感は生まれますが、心が満たされることはないのです。

ところが感謝の心を育てていきますと、どのような状況の中でも「ありがたい」という気持ちが生まれ、心が幸福感で満たされていくのです。ご主人は日頃から感謝のある人なのだと思います。ですから、自分のようなものに、こんな若くてきれいな奥さんがいてくれるだけで幸せであって、ありのままの彼女を愛していたので不満もなかったわけです。彼女が幸せであればご自分も幸せだ、ということですから、ご主人はとても幸せな人だと思います。

以前の彼女は、ご主人はいつも幸せであったのに、彼女は同じ空間にいても心が満たされず、何かが手に入っても、一瞬だけの満足感はあっても、すぐ次のものに向かっていき、それが手に入らなければイライラする。こういうことの繰り返しだったようです。

これは、現在の文明が発達した国に住んでいる多くの人たちが抱えている問題だと思います。ですから、結局、よい人ばかりに囲まれれば、このような問題が出やすいということです。つまり、自分がよい人ばかりに囲まれたら幸せになる、と思われがちですが、逆に自分のわがまま、つまり「我」がどんどん増長され、自分でどうしようもなくなって、コントロールができなくなることの方が多いのです。それは周囲の人たちが何でも許してくれるからなのです。

## 立ち向かう人の心は我が心を映す鏡なり

私たち普通の人間は、いろいろと自分を妨害してくる人や、悩ませてくれる人がいるから救われているのです。なぜなら、そこで自分の我が通らなくなり、ブレーキがかかったり、つまずいたりするので、そのときに自分を見ないわけにいかなくなってくるからなのです。

もし、私たちの人生で何の問題も挫折もなければ自分を見ようとしないものです。なにもかもが順調でうまくいっているときには、人間は幸か不幸か、自分を見ようとしないものです。ましてや「人生とは何だろう」とか、「自分はなぜこのような目に遭うのだろうか」などと考えないでしょう。ところが、だれでも自分につらく当たる人とか、葛藤を生じる人とかに出会って、はじめて挫折したり悩んだりして、ようやく自分を見ることができるのです。

ですから、苦手な人とか引っかかる人というのは、皆さんを一つの学びに導いてくれている人なのです。「立ち向かう人の心は我が心を映す鏡なり」という言葉が、日本に昔から伝わっています。これはどういうことかというと、立ち向かう人の心は、相手が今の自分の心を映してくれているということなのです。

つまり、相手から何かをいわれて、イライラしたり、引っかかったり、嫌ったりするということは、その人が自分の中にあるマイナス的な面を鏡になって見せてくれている、ということなのです。なぜかというと、自分の中に何の問題もなければ、引っかかったり、イライラしたりすることはないからです。

たとえば、マザー・テレサのように愛や包容力、優しさしかなかったなら、相手がどんな人であってもそのまま認め包容するわけですから、悩むこともないし、引っかかることもないはずです。私たちの心が引っかかるということは、必ず相手と似たようなもの、同じようなものが心の中にあるということで、相手がそれを見せてくれているということなのです。

## 自分の問題点を解消しないかぎり先には進めない

もし今、あなたに何かのことでストップがかかっていたり、物事が順調に進まないというときは、「あなたは今、直面している問題を見なければ先に進めませんよ。これを見ないと大変なことになりますよ」という一つのブレーキ役を、その出来事が果たしてくれているということです。ですから、それはとてもありがたいことなのです。

そのことに気がつかないと、苦手な人や、自分につらく当たる人を避けよう、避けようとして、それによって会社を辞めてしまったり、家を飛び出したり、離婚したりしてしまいます。

心の法則を知らない人の場合、問題点を解消しないまま、ただ環境を変えたり、相手を変えようとするだけということが、よくあります。


しかし、いくらそのようなことをおこなってみても、もし本人が自分の問題をクリアしないで先に進んだ場合には、その後もまた同じような人と出会いつづけることになるでしょう。なぜなら、自分の心は同じままだからです。

潜在意識は手を変え品を変え、皆さんを避けたいと思うような人のもとへ引っ張っていきます。私たちの心は、そうでないと成長できないからです。自分の問題点から目をそらして、それだけを葬り去って、次に進んで行く、といったような、そんな都合のよいことにはならないのです。それが「心の法則」だからです。

ですから、自分につらく当たる人や、引っかかる人、苦手な人というのは、もし身近にいたら、それは自分が成長するための、よいチャンスだと思えば気持ちが楽になり、前向きになっていきます。

もし、苦手な人からいろいろ嫌なことなどをいわれたりしたら、この人を通して何かのメッセージをいただいているんだな、と思えばよいのです。その人は、何らかのメッセージを伝えてくれている人だということです。そこから学ぶということが大切なのです。


ですから、人間関係というのは、自分がだれであるかを見ることができる鏡であるわけです。この鏡をしっかりと見て、自分がどんな人なのかを見ていくことが大切です。

私たちは、自分の人生は自分の意志でコントロールできると思っているかもしれません。しかし、私たちは本来、無意識によって常にコントロールされているために、自分はこうしたいこうなりたいと思っても、あと一歩のところでつまずいたり、チャンスを逃がしてしまって思うようにいかないのが現実ではないでしょうか。

## ロボットのように無意識に操られている

いまひとつというときに、何か障害があって前に進めないということが、人生ではたくさんあります。それは、生まれてから今日までの両親の教育とか家庭環境、学校教育、社会の教育、さらにいろいろな常識とか、私たちの無意識の中に条件づけの要素となることが、たくさんあるわけです。こうしなければいけないとか、ああしなければいけないとか、無意識の中にたくさんそういう条件づけが入っています。

特に、両親がマイナス的な思考の持ち主だと、自分はだめだとか、できないとか、いっぱいいわれつづけているわけですから、無意識の中に否定的なものがたくさん詰まっています。その無意識下にあるものに、皆さんは常日頃コントロールされているのです。ですから、自分では自分の意志で生きているつもりでも、だれもがほとんどロボットと同じように、自由意思などなくて、多くのことが無意識に操られているのです。

こうすればよいのにと、第三者である他人のことだと、よくわかるのですが、いざ、自分のことになると、それが頭でわかっても、なかなかできないことはだれしも体験しているのではないでしょうか。ついついお酒を飲みすぎてしまうとか、どうしてもタバコがやめられないとか、いつも食べすぎてしまうとか、またギャンブルに走ったり、買わなくてよい買い物をしすぎたり、中毒や依存症のようになるものはたくさんあります。

中毒症状というのは結局、無意識による逃避です。自分と対面するのが怖くて、現実の自分を見ないようにするための行為なのです。ストレスを抱えている文明国に住む多くの人は、なかなか一人になる時間を作りたがらないものです。人とワイワイ騒いで自分を忘れようとしたり、自分を忘れるためにゲームに夢中になったり、スケジュール帳を埋めて忙しくしたりして、自分を見ないように見ないようにと、自分との対面を避けて通っているのです。

## さまざまな人間関係を見ていく

それで、結局、無意識にあるものが見えず、自分の実体もわからなくなってしまっているのです。無意識にある何が自分をコントロールしているのかを見てしまえば、それが表面意識（顕在意識）に上がるわけです。そうすると、無意識に入っているマイナス的なエネルギーにコントロールされた状態から解放されていきます。その結果、人間関係の問題が解消され、私たちが理想とする方向に行けるようになっていきます。

では、「無意識にあるものを見ていく」ためには、どうしたらよいのでしょうか。そのためには「人間関係を見る」ことです。人間関係を見ると自分の無意識の中にあるヘドロのようなマイナス的なものが自然と見えてきます。そのために真我実現セミナーでは、「内観法」「止観法」「対人関係調和法」の三つのステップを通して、徹底的に人間関係を見ていただきます。お父さん、お母さん、おじいさん、おばあさん、兄弟、学校の先生、配偶者、友人、先輩、後輩、部下、あらゆる人との関係を見ていくのです。

なぜ、そんなにいろいろな人を見なければいけないのかというと、両親では出ない面が配偶者で出たり、子供で出たりもしてきます。私たちがこの人生でかかわったそれぞれの人が皆、鏡となってその時々の私たちの心を見せてくれているのです。ですから、Aさん、Bさん、Cさん、Dさんといろいろな人がいて、Aさんとの関係では出ないものがBさんで出たり、Cさんで出たり、Dさんで出たりといろいろするのです。

だれでも、よい人間関係というのも当然あるわけです。現在、まあまあ幸せと思っている人たちは、よい人間関係のほうが多いと思いますが、過去を見ていくと、なかにはどうも苦手な人とか、あの人だけはもう会いたくないという人が一人や二人はいるのではないかと思います。今後の人生の中でも、そのような人に出会っていくこともあるでしょう。そのときに悩んだり、葛藤が始まっていくことになるかもしれません。

私たちが人間関係を見ていくときに、よい人間関係ももちろん見ていく必要があります。そこには自分のよいカルマ、よい面が出ています。その場合は、自分の中にあるよい面を相手の中に見ているため、お互いによい面を引き出しています。それはそれでよいのです。

また逆に、引っかかる人、嫌な人、苦手な人というのは、前にもお話ししましたように、自分の無意識下にあるマイナス的な面を見せてくれる素晴らしい人だということなのです。そのため、いろいろな人を見る必要があるのです。ですから、私たちはかかわった多くの人々と自分との関係を見てはじめて、自分の全体像というものが見えてくるのです。

## 自分のことは本当は何もわかっていない

私たちはだれでも、自分のことは知っているつもりでいますが、本当は何もわかっていないのが現実です。皆さんがマイクを突きつけられて、「あなたは、どういう人ですか」と質問されたときに、すぐに返答ができる人は少ないと思います。なぜかといいますと、表面意識でわかる自分というのはほんの一部であって、大部分が無意識下にあるからです。
悟っている方は別として、私たちの多くは仮面をかぶって生きているといえるでしょう。たとえば、母親として子供に対するときには母親という仮面をかぶり、会社では、上司であれば上司という仮面をかぶって、いかにも指導力がありそうなふりをします。また社長ならば、社長はこうあるべきだと思う仮面をかぶって行動している場合がほとんどではないでしょうか。また、部下であれば部下らしく従順なふりをする、というようにさまざまです。

世の中は本音と建前がありますが、建前を使ってそういうふうに見せていかないと、人からよく思われないために、そうせざるを得ないのです。建前というのは、いうまでもなく仮面であって、本当の自分を隠しながら皆、生きているわけです。そのうちわけがわからなくなってしまい、「いったい自分って何、本当の自分ってどこにいるの……」ということになるのです。そうして、どのときの自分が本当の自分なんだろう、と考え出すと、ますます自分がわからなくなるのではないでしょうか。

心の仕組みや心の法則などを知らないかぎり、だれも皆、同じです。なぜなら、無意識下にあるものにほとんど支配されているからなのです。無意識には、多くの人の場合、ほとんどがマイナス的なもので占められています。

ところが、その無意識下にあるドロドロしたマイナス的な感情を見てしまうと、それらが表面意識に上がってきて、その無意識下にあってコントロールされていたことから解放されていきます。

すると心の曇りが晴れて、心の奥にある「ハイヤーセルフ（真我）」のエネルギーで心が満たされていくようになるのです。

先ほども申し上げましたように、親の思想や教育など、無意識の中には自分で気づいていないマイナス的な思いが入っています。もし親がマイナス的な教育をすれば、マイナスの想念がずっと子供に受け継がれてしまうことになるのです。

また学校へ行っても、先生の中で私たちのよいところを認め、ほめてくださるような先生はめったにいません。多くの先生が生徒の欠点や悪いところを指摘することが多く、ひじょうにマイナス的です。「あなたはここがだめだ」とか「あそこがだめだ」とか、自分の悪い点や欠点などをさんざん指摘されます。その結果、そうしたマイナス的なものが無意識に入っていきます。

## 無意識の中のヘドロを嫌というほど見る

次に、社会を見ますと、テレビや新聞、雑誌などのどんな記事でも、特に三面記事を見ますと、毎日、暗いニュースが多く、それらはほとんどマイナス的なエネルギーであって、そのようなマイナス的なものも当然、無意識に入っていきます。

また、地球のカルマというものもあり、さらに国家のいろいろなカルマ、業というものもあります。そして家庭には家庭のカルマがあります。皆さんには、両親のほかに、おじいさんやおばあさんがいて、さらに先祖代々亡くなった人がたくさんいます。そういう先祖の代からのマイナス的なカルマというのは、皆、その家に引き継がれているのです。ですから、私たちはそれらの影響も受けています。

そういうものが皆、私たちの無意識に蓄積されているのです。ですから放っておけば、私たちはその無意識下にあるマイナス的なエネルギーの支配下に置かれ、ロボットと同じように、無意識に操られてしまうのです。たびたび申し上げていますように、無意識というのはマイナス的なものが多いので、そのままにしておくと、破壊の方向に引っぱられてしまうわけです。本人は自分の人生をせっかくこういうふうにしようと思っているのに、それに反して無意識がマイナスの方向、マイナスの方へと導くのです。

「自分は今日一日、どんなことにも感謝の気持ちをもって過ごすんだ」とか「今日一日、幸せな気分でいたい」と思っても、なかなかそうはできません。それができれば、だれも苦労をしなくてよいわけです。なぜ思い通りに事が進まないのかといいますと、無意識下のものの影響力が大きいためです。

その無意識を見るためのいちばんのよい方法が人間関係を見ることなのです。それで真我実現セミナーでは、徹底的に人間関係を見て、自分の中にあるもの、無意識の中にあるヘドロをしっかりと見ていくのです。

多くの人は、自分に甘いために、「まあ、こんなものでいいや」ということで、日々流されて生活をしています。しかし、自分が今まで気づいていなかった醜い自分を嫌というほど見ると、こんなひどい自分がこのままでいたら幸せになるはずがない、ということがわかります。

それで、はじめて目が覚めるわけです。こんなことをしている場合ではない、ということに気づき、それから本当の懺悔《ざんげ》が始まります。そして本当に深い懺悔が始まると、それと同じだけの感謝というものが押し寄せてきます。そのわけは、こんなひどい自分であるにもかかわらず、今許されているうえに、多くの人々の善意や愛をいただいている事実に気づかされるからです。そして、そのときに感謝の気持ちが湧き上がってくるのです。

## 真我は愛、感謝、喜びのエネルギーで満ちている

ここで、無意識と真我（ハイヤーセルフ）の関係をもう一度、おさらいしておきたいと思います。といいますのも、この関係を十分に理解することが、目醒めるため、そして心の浄化には何よりも大切だからです。

私たちの「内なる神」ともいえる真我、すなわち宇宙意識と直結した「本当の自分」というのは、私たちの心の奥に存在しており、そこには、愛、感謝、喜びなどのプラスのエネルギーが充満しているのです。

では、なぜ、だれもが自分の内側に素晴らしい思いをもっていながら、それが引き出されないのでしょうか。それは無意識によってコントロールされているからです。無意識下にあるさまざまなマイナスのエネルギーが心の曇りとなって、真我のエネルギーである愛や感謝の気持ちを表現できなくなってしまっているのです。

それが、人間関係を見ていくことで、無意識にあった醜いものがことごとく表面意識に

上がっていきます。すると心は浄化されて、心の曇りが晴れていきます。そうすると、本来は私たちの心の奥にもともとある真我の思いの感謝とか喜びが湧き上がってくるのです。

そして、先ほど申し上げたように、こんなひどい自分が許され生かされているということに対する懺悔が深まると同時に、今度は感謝の気持ちが湧き上がってきます。さらに、こんな自分がよく無事に今日まで生かされていることが奇跡のように思えて、感動をしてしまいます。

するとさらに、またいろいろな人から受けた愛情とか、お世話になったことが怒涛のように、愛となって自分に押し寄せてくるのです。それは内観法、止観法、対人関係の調和法で人との関係をずっと見ていくことで、だんだん見えてきます。

## 本来の自分を取り戻すだけのこと

私たちが今まで人から受けた恩とか愛情とかは山ほどあっても、ほとんど忘れています。ところが、多くの人は、不思議と自分が人に対してしたことは忘れないものなのです。「あれだけしてあげたのに、何もしてくれない」とか、「感謝がない」とか、自分が相手にしてあげたことはしっかり覚えているので、それに対して相手が感謝をしてくれなかったり、お返しがないと不満が出て苦しいわけです。

逆に、無意識にあるものをしっかり見ていきますと、それが表面意識に上がってくることで逆転していきます。要は、自分を変えるといっても、何か特別なことをするのではなくて、今まで見ないように避けてきた現実の醜い自分を認め、そのような自分が許され、多くの人の善意で生かされている事実を知るだけなのです。

この事実を知ったとき、私たちは人に対して今までと違った感じ方や見方に変わっていくということなのです。すると、人を攻撃したり裁いたりする気持ちもなくなり、感謝や愛、安らぎの気持ちが私たちの心にあふれていきます。それが本来の私たちの姿なのです。

ですから、今、日頃から、感謝や愛、安らぎがないということは、心が曇っていて、無意識の中のものにコントロールされているということでもあるのです。もし、そのコントロールから完全に外れることができたら、そこには完全な自由があります。そして、自分の理想や希望を願うとそれが実現する、ということを信じられるようになり、私たちの真の願いがかなっていく方向に導かれていくようになります。

この地球上でもっとも尊敬されているような人たち、たとえばイエス様とかお釈迦様とか、シュバイツァー博士とかマザー・テレサとか、そのような聖人とか聖者といわれるような人たちは無意識のコントロール下から外れており、真我（ハイヤーセルフ）そのもので生活された方々です。その聖人たちは真我に導かれて生きてきた方々であり、人類のお手本を私たちに示してくださっているのだと思います。

## 宇宙は愛からなっている

宇宙そのものは愛で成り立っています。宇宙の法則というのは、「愛」そのものであることと、「他を生かす」ということで、すべてにバランスをとっています。人間以外の存在とは、草でも花でも木々でも野生の動物たちでも、他を生かす愛の法則でバランスをとっているのです。しかし人間だけは違います。

人間のように、「自分だけが、自分だけが」という自己中心的な在り方では、この地球の上で生態系のバランスをとっていくのが難しいでしょう。もし動物が人間のように、我を通して必要以上に食料を食べたり貯蓄したりするようであったら、とっくに死に絶えていたでしょう。ところが人間だけが、平気で自分の利益になることだけをやっているのです。その結果、環境を破壊したり、異常気象になったり、天変地異を招いたりと、いろいろなことが今、世界中で起こっているのです。

この「自分さえよければいい」という思いは、前にも申し上げたように、偽我つまり「偽りの自分」の思いであり、生き方なのです。「本当の自分」は宇宙意識と直結した真我であり、その生き方は、宇宙の法則どおり、他を生かそうとする思いであふれています。だれでも自分の中にはこの偽我と真我の二つが常に同居しているのです。

偽我の自分というのは、要するに無意識でコントロールされた自分であって、だだっ子と同じです。何でも自分の思うようにしないと気がすまない、そういう自分です。その自分でいるかぎり、常に本当の人生、幸せな人生というのは望めないでしょう。

結局、宇宙の法則に反しては、私たち人間も幸せになれないのです。なぜなら、その状態では、真我の愛、感謝、喜びのエネルギーを受け取ることができないからです。

繰り返しますが、宇宙というのは愛のエネルギーで満たされています。つまり、私たちに幸せになってほしい、という思いのエネルギーであふれているのです。私たちが真我の存在にふれ、その方向で人生を歩んでいくと、「どうして、こんなにも次々とよいことが起こり、物質面でも精神面でも、なんでこれほどまで与えていただけるのか」というくらい、いろいろな愛を与えていただけることを実際に体験できます。

本来、私たちの真我が望むことで必要なことは、何でもかなうようになっているのです。人を傷つけるような望みでないかぎり、私たちの真の願いはかなえてくださるようになっています。ただ、それを受けとめないのは、私たちの心の側に原因があるのです。

## こんな自分が幸せになるはずがない

では、なぜ受けとめられないかといいますと、真我（ハイヤーセルフ）の存在を知らず心に曇りがあるときは、「こんな自分が幸せになってよいはずがない」との自己処罰概念が同時に発生するからなのです。私たちが真我の存在も宇宙の法則も知らず、ずっと偽我のままで生きてきたとします。そうすると当然、今までに自分がこの人生で人に対してとってきた態度や生き方について、だれにも知られていなくても、その本人だけは知っているわけです。私たちは、人にはウソをつけても自分にはウソがつけないようにつくられているのです。

それで、「こんないい加減な生き方をしてきた自分が幸せになれるはずがない。幸せになってよいはずがない」との思いで、自分で自分を罰してしまうために、幸せになりそうになると怖くて、幸せにならない方向を無意識に選択してしまうことになるのです。安らぎのある幸せな家庭を作りたいと思い、結婚を望んでいる女性が、プレイボーイでギャンブル好きな人に惹かれて結婚してしまうなどは、その例といえるでしょう。

結婚適齢期の人が、あんないい人をどうして断るのか、と不思議に思うことがよくあります。また、自分を幸せにしてくれそうな人と出会っても、本人自身もよくわからないまま、なぜか断って、暗くて陰のあるプレイボーイの男性のほうに惹かれて結婚してしまう、ということもしばしばあります。

このようなケースの場合は、その女性が自分の人生を無意識下にコントロールされているために、自然と不幸なほうを選択してしまった結果なのです。つまりだれでも、偽我の自分が人生を歩んでいるかぎり、結局は破壊の方向に向かってしまうわけです。それで、いろいろなゴタゴタが次から次へと起こるようになってきます。

ところが、逆に真我に喜ばれるような自分を目指して人生を歩み始めると、無意識下のコントロールから解放されていき、自分で自分を信じられるようになります。そして、どんな些細なことにも感謝の気持ちが湧くようになり、「ありがたい」との思いが強くなっていくと、本当にありがたいことが次から次へと起こってきて、「えっ、こんなに幸せでいいの」と思うくらい、いろいろなことを与えていただける人生が展開していきます。

## 上司との人間関係で葛藤した私自身の体験

私たちが人間関係をよく観察していったときに、いちばん苦手な人からいちばん多くのことを学べることに気づくでしょう。自分の無意識下にあった醜いものを、その苦手な人が鏡になって見せてくれているわけですから、そのことに気づくと、苦手な人に対して感謝しかない、という心境になってしまうのです。

私も昔、心の世界に目覚めたばかりのときに、Aさんという苦手な上司がいました。そして、今まで出会ったことがないほど、その方のことで苦しみを味わいました。でも、その方がいたからこそ、現在、多くの人にお伝えさせていただいている止観法と対人関係調和法のカリキュラムを発見できたのです。今でもAさんには感謝以外の何もありません。

当時、なぜだかわからないのですが、私はAさんから、よく文句をいわれました。箸の上げ下ろしから、歩き方から、すべてにわたって、なにかと口うるさくいわれました。上司なのですから仕方ないのですが、なんで私がここまでいわれなければいけないの、と思うくらい悩みました。

そのことで大きな葛藤が生じて、もうその職場を辞めようと思いました。でも、「せっかく心の勉強をしたくて入った職場なのに私がここで辞めたら負けだ」という思いがふっと頭をよぎり、「辞めるなら辞めてもいいけれども、この人と大調和してから辞めよう」と思ったのです。

ほかの人では今までこれほどまで苦しみ悩んだことがないのに、その人とだけは、どうしたらよいのかわからず悩んでいました。どうしても許せないし、どうしても好きになれず、その原因がなんなのだろうかと思って、何回も内観してみたのですが、どうにもなりませんでした。結局、内観だけではその人へのわだかまりを取ることができなかったのです。そこで、その方との関係をどうしたら解消できるのか、との思いから、自分の無意識にあるものを徹底的に見るために、山に籠もったりもしたわけです。

## 瞑想してわかったこと

Aさんとの関係を瞑想を通して見ていって気がついたのは、Aさんは私の心の中にあった醜い姿を拡大して見せてくれたのだ、ということです。結局、Aさんとの根本的な原因は、自分が最初からAさんを認めていなかったことでした。

当時の私にはＡさんに対して先入観があって、そこに勤めるときに、Ａさんというのは厳しくて、かなり口うるさいから、あそこで働くのはけっこう大変だ、というような噂をいろいろ耳にしていたのです。

その噂をそのまま信じていた私は、Ａさんを先入観でレッテルを張って見ていました。この人はすごくうるさい人で嫌な人だ、というレッテルを張ってしまっていたのです。ですから、最初からそういう目で見てしまっているために、Ａさんを認めていなかったし、Ａさんのよいところを見ようなどとは、けっして思うこともありませんでした。

当然、Ａさんも私から発している思いのエネルギーである波動でそのことを感じ取りますから、私に対して嫌な面を出してきたのです。そして私がＡさんを認めなかったので、Ａさんも私を認めなかったというわけです。それに気がついたとき、私はＡさんを通して、自分の中にあったカルマというものをはっきりと見せていただけたのです。

## 嫌いな上司に思わず自分のほうから謝る

今までの私の人間関係では、それほどまでに苦しむことがなかったので、そこまで真剣に自分の内側にある醜いものを見ようと努力をしませんでした。ところがAさんのお陰で今まで見えなかった私の無意識の中にあった醜いものが、そのときはじめて見えたのです。それを知ったときに、「本当にありがたい」と思いました。ああ、この方が私のカルマをはっきり見せてくださった、とわかったときには、感謝で涙が止まりませんでした。

Aさんがあんなふうに、いろいろうるさくいってくれたり、いろいろ注意されたりしたのは、Aさんとしては無意識での言動だったと思います。ところが、そのことが私の心を磨いてくださり、さらに、私の中にあったカルマを引っ張り出して、見せてくださったことにはっきりと気づいたとき、本当に感謝以外に何もなく、心底、ありがたいと思いました。

Aさんとの悩みの原因に気づいた後、あるとき、Aさんと二人きりになる機会がありました。そのとき、そんなつもりはまったくなかったのですが、突然、思わず私のほうが土下座をして謝ってしまったのです。

「今まで、Aさんに対してものすごい反発をもっていて、本当に申し訳なかった」ということを伝えたところ、Aさんも涙を流して、「私のほうこそ思いやりがなくて、傷ついたと思う」といってくださったのです。

そのときに、お互いの今までの心のしこりが取れました。それからの私は、ただAさんがどうしたら喜んでいただけるのか、ということだけを考えて、仕事をさせていただきました。するとAさんとの関係がすごくよくなって、逆にほかの人から嫉妬が出るくらいにまでなってしまったのです。

## 相手が変わらない場合にはなぜか縁がなくなる

しかしこれとは逆に、相手が変わらない場合もあります。たとえ相手が変わらなくても、私たちの方がその件から学べば悩みはなくなります。そうすると、その人との関係に不思議なことが起こります。

引っかかっていたり、苦手な人から学び、相手に感謝して、「学ばせていただいてありがとう」と思えるようになったときに、相手が変わらずそのままの場合には、私たちのほうにはすでに何の引っかかりもなくなっているので、たとえその方と同じ職場にいたとしても不動でいられますが、不思議なことになぜか縁がなくなるのです。

私の場合は、そのときの職場は精神世界にかかわる仕事で、私にとっては好きな職場であったし、心の勉強ができる場所でした。それで、私はずっとそこにいて、一生、Aさんのもとで働かせていただこうと思っていたのですが、私がAさんと和解をしてまもなく、その職場がなぜか半年後に閉鎖になってしまいました。いま考えると、一つの学びが終わり、私に次のステップに行きなさい、というメッセージだったのではないかと思います。

ですから、いろいろな職場で人間関係や、上司のことなどで悩んでいる人はたくさんおられると思いますが、本当に自分がそこから学び、感謝が出たときには、相手が変わる場合もあるし、変わらない場合には縁がなくなるようになっています。急に配置転換があって、同じ職場でもその人と部署が変わってしまったりする例はたくさんあります。

## 嫌われ役を演じてくれるソウルメイトもいる

もし、相手の方が変わらなかったり、いつまでも縁が続いて悩んでいるのであれば、まだ自分の中にその人に対して抵抗があるということです。本当の意味で、その人と和解していない、その人を許していない、ということです。このように人間関係というのは、とにかく引っかかった人とか、問題のある人というのは、ソウルメイトでもあるということです。

ソウルメイトというと、いかにもロマンチックな関係の人のことをさし、何でもわかり合えるような関係と思っている人が多いようです。そういうソウルメイトもたしかにあります。双子のように何でもわかり合える。それはそれでよいのですが、もう一方のソウルメイトは、いちばん自分を悩ませてくれた人なのです。

それは、私たちがこの世に生まれてくるときに、自分の心の成長のために、自分を苦しめたり、困らせたりする人、また、自分がどうにかなってしまうのではないかと思うくらい悩ます人というのを、設定してから生まれてくるようです。

相手も大変です。嫌な役を引き受けて、嫌われ役を演じるのですから。だれだって、いい役のほうがよいに決まってますし、悪役にはなりたくないと思います。でも、人生には悪役も必要なのです。ですから、無意識でそうして悪役を演じてくれる人もいるわけです。

この嫌われ役を演じてくれている相手と調和できると、その人が実は一番のソウルメイトであることに気づけます。なぜなら、今までけっして学べなかったことをその人からたくさん学ばせていただけるからです。

ですから、私たちを悩ませてくれる人に出会ったときには、その人との人間関係を徹底的に見ていくことです。そして、その根本的な原因を自分の内側に見ることができたときには、もう感謝以外にはなくなってしまうということです。無意識にある自分の醜い部分を見て認めてしまうと、感謝が内側から自然に湧いてきます。

とにかく引っかかった人や自分を悩ます人、またどんな人を通しても、その人を鏡として自分の中にある物を見ていったとき、何の問題も起こらないでしょう。

# 3章

# よい人脈は感謝力で決まる

## 人脈や友人関係は波動による

次に、よい人脈について少し話をしておきたいと思います。

前章の話でご理解をいただけたかと思いますが、私たちの将来の発展や、幸・不幸を決めるのも幸運な人間関係にかかっていると思います。

仕事でも何でも、どんな人間関係かによって成功も不成功も決まってくるのではないでしょうか。それぞれの人の人脈というのは、今の自分の波動と同じ人との縁でつながっていくということを、まず知っていただければと思います。

私たちはだれでも、常に自分自身から波動を周囲に発しています。波動とは何かというと、自分の思いや考えのエネルギーが波のように周囲に伝わっていく現象のことです。ですから、皆さんが常日頃、考えたり、思ったり、感じたりしていることが、波動となって周囲に伝わっているのです。

普段から、「ありがたい」とか「楽しいな、幸せだ」と思っている人からは、明るくて前向きなプラスのエネルギー波動が常に出ていますが、逆に毎日、「嫌だな、困った、どうしよう」などの否定的な思いや、イライラや、怒り、悲しみなどの気持ちで暮らしている人の場合は、マイナス的なエネルギー波動を四六時中、まわりに発信しているわけです。

そして、波動というのは同じ波長のものを呼び寄せるのです。これが波長の法則といわれるものであって、同じ波動同士の人をつなげるのです。ですから、自分がどんな波動を出しているかによって、集まってくる人が決まってくるということです。

大自然を見ていただければわかりますが、オオカミはウサギと一緒には行動しません。ゾウはライオンと一緒には群れをなしません。それと同じように、自然界も各々が発する波動と同じ波動の仲間が集まってグループを組んで生活しています。動物界はかたちが違うからよくわかります。

人間界はどうかというと、かたちはみな同じです。外見を見ても、人間には二つの目があって、鼻があって……と、同じ人たちが八十億人も地球上にはいるのですが、その中でこの人生でかかわりをもつ人は、ほんのわずかであり、その数は知れています。

私たちは友人や仕事仲間にどういう人を引き付けているかというと、その人が常に出している波動が深くかかわっています。それは、私たちがその時々に出している波動でつながっているからなのです。ですから、今の人脈や友人関係は、いま現在の私たち各々の波動によってお互いに縁をもつようになっているのです。

## 同類を引き寄せる波長の法則

以前におこなっていた私のカウンセリングには、自分は友達に恵まれなくて淋しいし、不幸だとの思いから相談に来る人が多くおられました。その中には、変な友達が多い上に不幸話や愚痴ばかり聞かされて困っている人や、お金に困っていると相談され、その友人を信用してお金を貸したところ裏切られてしまったという人などがいて、そうした人たちからいろいろな相談を受けてきました。そして最終的には、どうしたらよい友達ができるのですか、と聞かれることがよくありました。

あるとき、適齢期の女性のFさんからの相談では、次のような悩みの相談がありました。

Fさんはこういう人と付き合いたい、こういう人と結婚したいと高い理想をもっていました。Fさんのまわりには素敵な男性がいっぱいいるのに、そういう人は一人もFさんに声をかけてくれないとのことです。ところが、Fさんより全然魅力がないと思われる友達は、次々と結婚していき、Fさんには嫌いなタイプの人ばかりが寄ってくるとのことです。そして、いったいなぜなんでしょうか、というような相談でした。それは、まさしく波長の法則どおりの結果を受けているということなのです。

私はよく変な人に声をかけられる、といわれる方がおりますが、それは今の自分の波動がそのような人を引き付け、声をかけてくるのです。要するに、波動が同じような人が出会っているということです。

たとえ、理想とする人がまわりにいたとしても、その人がこの相談者の女性に声をかけなかったのは、理想の人から見て、彼女の波動がその人に合わなかったために関心が向かなかったからなのです。

それで私は、彼女に次のようなアドバイスをさせていただきました。あなたがもし理想の伴侶と結婚したかったら、あなた自身が、相手が望んでいるような理想的な人に近づこうと努力することです、と。それが確実に理想の人とのご縁をいただく方法なのです。

今までの彼女がいくら頑張っても、相手の方から関心をもたれ、誘ってくれなければご縁はできないのです。怒鳴っても叫んでも、相手の気持ちはどうにもできないのが現実です。

## 今の自分を知るには友達関係を見ればよい

ましてや、友人関係というのは自分が好んで友人にしているわけです。また、恋人関係や、配偶者も自分が選んで決めています。仕事などはいろいろな縁があって、自分ですべての人を選んでいるわけではないので、全部が自分の波動によって決まるとはいえないでしょう。

大きな会社であれば、いろいろな部署もあるし、それぞれの会社によって社員を採用する基準も違うので、いろいろな波動の人が集まっています。ところが、今の自分がどういう波動を出しているかというのは、自分の友人関係を見ればわかります。だいたい同じような人が友人になっているものです。

自分のことはなかなか直接にはわかりにくいので、もし今の自分を知ろうと思うなら、自分の友人を見たら、自分の出している波動がこういうふうな感じなんだなとわかると思います。あとは恋人を見たり、あるいは夫婦を見てもわかります。

## 成長の度合いによって波動は変化する

夫婦というのは、結婚して何年もたってくると、お互いに人間の成長の度合いが違うために、当然、お互いの波動が変わってしまうことはあります。

しかし、結婚した当初というのは、お互いに同じものを引き付け、結ばれたわけです。少なくとも結婚当初は同じような波動であったということは事実です。結婚後、「あんな人とは思わなかった」「こんなはずじゃなかった」と、どんなに文句をいってみても、似た者同士がなんらかの学びのために結ばれたことを忘れてはいけないと思います。ですから、その責任はお互いにあるのです。

夫婦が相手を思いやる気持ちを忘れずに生活していれば、問題は起こらないでしょうが、共に自分さえよければよい、という気持ちが強くなっていきますと、お互いに不満が生まれ、一緒にいることがつらくなって、離婚してしまうことが多いようです。

子供がいる間は、子供へ責任があるからしかたないでしょう。でも子供が大きくなって、社会人になれば親の義務は終わりますので、あとは離婚しようが、一緒にいようが、二人の問題になります。

毎日喧嘩をしながら、一緒にいつまでもいなければいけないこともないわけです。親としての責任さえ果たせば、あとは自分の人生ですから、お互いにとってベストな生き方を選んだらよいと思います。

## 真の優しさと情は違う

次に職場での人間関係を見ていきましょう。職場はいろいろな人が集まっています。そこでも、自分の出している波動はその職場での人間関係に作用していきます。たとえ、どんな人たちが集まっている部署であっても、今、その人にとって必要な学びの相手が近くにいるものです。

そして職場で引っかかる人や苦手な人がいた場合は、その人から学んで、成長していく必要があるわけです。ですから、職場でいろいろと小言をいわれ抵抗のある上司や同僚がいたならその人から学んで、それをクリアにすると不思議なことに、相手の反応が変わってしまうことを体験できるでしょう。

よく間違えるのは、「優しさ」と「情」の関係です。真我の世界と情とはまったく違います。真の優しさというのは、相手を本当に成長させるためならば、場合によっては厳しいこともいう必要があるわけです。

それに対して、情というのは、ただかわいそう、なんとかしてあげなければ、との思いから、相手の要求を通してあげればなんとかなる、と思って行動をして、相手をだめにする場合がたくさんあります。

自分がこの人を見なければ大変なことになる。失敗しても私がなんとかかばってあげないと、この人はどうにもならないなどと、何でもかんでも情に流されてしまう人がいます。

しかし、情に振り回されてしまうと、相手は成長しないことが多いのです。

なぜなら、情がからむと客観的に物事が見えなくなり、情にほだされて、相手の悪い面がますます出てきてしまうことがよくあるからです。ですから、そのへんはきちっと見ていく必要があるでしょう。

人間関係を内観法、止観法、対人関係調整法という三つのカリキュラムを使ってしっかりと見ていくことで、それが情なのか、本当の真我からの思いで相手と接点をもっているのかが、よく見えてきます。

そして、その件からしっかり学んだときには、その人とは、今後どのようにかかわっていけば相手の幸せのためによいのかが見えてきます。すると、自分の心はもう動かなくなり、不動でいられるようになります。情で物事を決めているかぎりは、しょっちゅう心に迷いが生じ、安らぐことがないでしょう。私たちが情だけで相手と接しているときは、たまにうまくいくこともありますが、事態がますます悪化していくことも多く、いつまでもそのことで悩まされることになるでしょう。ですから、情と真我の世界は違うということをよく知ってほしいと思います。

私たちが真我の思い（愛や感謝などの思い）で人とかかわっていくようになりますと、自然と自分にとって最適な人が次から次へと現れてくるようになります。たとえば、会社の人間関係では、私たちが真我の思いである感謝の気持ちや優しい気持ちをもって人々に接していくと、相手の内にもある感謝や優しさが引き出される場合が多く、楽しく仕事ができるようになるでしょう。

ところが人には自由意志がありますので、たとえ私たちの方が優しさや感謝の気持ちで相手に接しても、相手が以前と同じ反応を示すこともあります。しかしその場合でも、私たちの方が真我の思いでいるかぎり、今までのように心が乱れたり悩んだりすることもなくなり、相手の方はきっとつらくて大変なんだろうと思えて、相手をそのまま受け入れることができるようになります。すると、今後、その人と会っても不動で接することができるようになります。

## 上司に意見をいうときには……

私たちの人間関係というのは、ずっと固定されたものではないということです。今かかわっている人がこれからも縁が続いていく場合と、違う人に入れ替わる場合など、いろいろなケースがあります。

ですから、人間関係を恐れることはないのです。私たちが本当に真我の思いで、相手の人の幸せを考えて、相手の成長のためにはどうしたらよいのか、ということを基本において付き合っていくことで、人間関係で悩むことはなくなるでしょう。


私たちが会社の仕事関係で、上の立場の人であれば、いいにくいことでも、いうべきことはいわなければならないでしょう。また、下の立場の人であった場合、上司に文句があるのであれば、まわりの人に愚痴をいう前に、いいにくくても、仕事の発展のために必要だと思われることであるならば、謙虚な気持ちで意見をいうことです。

そのときに、その部下が本当に謙虚で、感謝の気持ちをもっていれば、上の人というのは話を聞いてくれるものです。本当にどうしようもない上司だと思っていても、日頃から感謝の気持ちがあれば、意見なども堂々といえるようになるものなのです。

たとえば、「私は今このような仕事の仕方をしているけれども、これからはこのように変えていきたいのですが、ご意見を聞かせてください」とか、「上司のいわれているこの件の意味がよくわからないので、どういうことか、もっと詳しく説明していただけませんか」などと聞くことです。

謙虚な気持ちがあれば、上の人も皆、心の奥には真我が内在しているので、聞いてくれるようになると思います。ところが私たちの側が、その上司に対して不満とか愚痴をもったままで接した場合には、聞いてはもらえないでしょう。

私たちが仕事をして給料をいただいているということは、愚痴をいったり文句をいったりする前に、まずやらなければならないことがいっぱいある、ということです。自分は、はたして給料をいただけるだけのことを今しているのか。本当に自分には感謝があるのか。まずは、そのようなことを自問してみることです。

それが十分できた上で、それでも「ここはおかしい」と思ったら、上の方に質問してみたらいいでしょう。「ここはどうしても納得できないのですけれど、教えていただけますか」

というふうに聞いて、答えてくれない上司は少ないでしょう。

そのようにして私たちが、とにかく心の浄化をしながら無意識にあるものを見ていくと、おのずと、かかわっていく人との関係をどのようしていけばよいかということが、わかっていくようになっています。だからといって、無理に自分を変えなければいけない、ということではないのです。

ただ、自分の無意識にあるものを見ていくと、このようなときはこうすればよい、ああすればよいと、自然に解答が与えられるのです。あとはそれを実践していけばよいだけです。そうすれば、すべてのことがスムーズにいくようになります。

私たちが成長するに比例して、人脈も変わっていくようになります。私たちの心のエネルギー、波動が上がれば、上がっただけのレベルに応じた人とのご縁をいただけるようになるのです。要するに、人脈のレベルも自分の成長に合わせて上がっていくということです。

## この人生に偶然はない

この地球上には現在、八十億人以上の人々が生存しています。良い悪いは別にして、いろいろな階層の人々がおります。私たちは結局、自分の波動と同じ波動をもった人と一緒にいるのが、いちばん楽なのです。いくら高望みをしても、波動が合わないと、苦しくて長くは一緒にいられません。

あまり愛情もなく、思いやりもない人が、マザー・テレサのような人ばかりに囲まれて一緒に仕事をしなければならなくなった場合、マザー・テレサと同じようなことはできず、苦しくて苦しくて、どうしてよいのか、たぶんわからなくなると思います。

私が、真我実現セミナーに参加される方にまず最初にお願いすることは、今の人脈を書いてある手帳を絶対に捨てないようにしていただく、ということです。一年後、二年後に、その手帳を見ていただくと、人脈がどんどん変わっていくことに気づきます。

別に喧嘩して別れるのではないのですが、私たちの波動が変わるにつれて、出会う人が変わり、親しくなる人が変わっていくのです。本当に不思議なのですが、それによって自分の成長というものがわかります。

今の交友関係が悪い、ということではありません。今の交友関係は、今の自分にとって必要な人々とご縁をいただいているのです。私たちが心の浄化をおこなって、真我の思いで人生を歩みながら、次の年、次の年というふうにして見ていくとよいと思います。

私たちがよい人脈を広げていきたいと思うのであれば、自分自身の波動を上げていくことです。つまり、人脈というのは波長の法則が作用し、同じ波動の人がつながっているということです。波長の法則というのは、すでにお話ししたように、同じ波動をもった者同士が常に引き合って、呼び寄せ合っているということです。

この人生に偶然はないといわれています。皆、必然、必要で、何か意味がありますので、それを知ってこれからの人間関係を見直していっていただけたらと思います。

# 4章

# 感謝力で人生のすべてがうまくいく

## いちばん多く思い続けたことが現実世界に現れる

たびたび申しあげていますように、皆さんが生まれてから今日まで、思ったり、感じたり、行動したりして、さまざまな人間関係の中でつくってしまったストレス、それが心の曇りになっています。

それらの中には、「困った、嫌だ、どうしよう」とか「恨む、ねたむ、そしる、ぐちる、怒る」とか、いろいろな感情がありますが、そのようなマイナスの感情というものは、無意識の中に一瞬のうちに全部刻まれてしまいます。たとえ自分が、こんな思いは心に刻みたくないと思っても、間違いなく全部刻まれていますから、私たちはどうすることもできません。

要するに、一瞬一秒、思ったことが無意識の中に全部記録されているのです。そのため、私たちの無意識に何が記録されているかによって、現実に出てくる現象が違っていくわけです。

私たちの人生では、生まれてから今日まで、私たちがトータルしていちばん多く思い続けたことが、現実世界に現象化するようになっています。これは、厳然たる「心の法則」なのです。私たちが考えたり思ったりしたことがないことは、何一つとして現象化することはないのが、この人生です。

私たちが現実に体験している世界を三次元の世界といいます。この三次元の世界で体験することは、異次元の世界（心の中）で思ったり考えたりしたことが形になって現れているのです。

ですから、自分はこのようにしたい、ああいうふうにしたい、と毎晩五分や十分、思ったとしても、他の起きている時間の十五時間から十六時間の間に、「私はだめだ」「できない」「うまくいくはずがない」など、マイナス的に思ったり考えたりする時間が長ければ、それが現実化して、できない自分とか、だめな自分を現実に体験することになります。

ところが、「どんなときでも、ここから学んで成長していこう。今回もこういうことを学ばせていただき、ありがたいな。今回の失敗の原因は私の配慮の不足にあったが、次回は同じ失敗を繰り返さないように心していこう」などと、どのような出来事からも学んで、常に感謝の気持ちをもち続けていると、感謝したくなるようなことが次々と現実の世界に起こってくるのです。

私たちの内側にないものは外に現れることはなく、この現実世界というのはすべて、私たちの内側にあるものの反映なのです。

ですから、日頃どのようなことを思って生活をしているかということが、その人の人生を決めていくことになるのです。現実世界で本当に自分の理想的な人生を送りたい、幸せになりたい、自分が思い描いているような人生を送りたい、と思うのであるなら、自分が日頃から何を思っているのか、自分が今まで何を思って生活をしてきたのか、ということを、まず一度、チェックする必要があると思います。

## なぜ願ったことが実現しないのか

だれでも自分の夢をかなえたいと思ったり、幸せになりたいと思っているにもかかわらず、なかなか思うようにいかないのはなぜでしょうか。私はこうなりたい、ああなりたいと思い、あるところまではいくのに、あと一歩というときに何かじゃまが入ったり、壁ができたりして、どうしても今一つそれを越えられない、といったような体験をしておられる方はたくさんいると思います。

現実に、私自身も心の世界の真理を知るまでは、何一つ実現しないし、何一つうまくいかなかった人間ですから、そのことがよくわかります。

私も、願ったり、思ったりしたことがなぜ実現しなかったのか、その原因を瞑想を通して気づかせていただきました。

私は、ものごころついた頃から病弱だったこともあって、生まれてからずっと心の中で、なんで私だけがこんなに調子が悪いのか、といつも思っていたのです。朝起きて腰が痛いとか、お腹が痛いとか、体がかゆい、頭が重いなど、朝から晩までそんなことを思っているのですから、楽しくもないし、いつも憂鬱《ゆううつ》なわけです。

私のこんな体では何もできないし、生きていてもしょうがないなどと、そのようなことばかり思っていたわけですから、よいことが何も起こらなかったのです。たまに、自分はこうなりたい、ああなりたいと、どれほど思ってみても、長く思い続けているだめな自分の方が実現してしまい、私が願ったことは何一つ現実のものとして実現しなかったのです。

あるとき、ジョゼフ・マーフィーの『眠りながら成功する』という本を読ませていただき、すごく感動しました。願望実現には法則があって、自分の願いは、目的を明確にして、それをイメージし続けたら実現する、ということを知ったのです。そして、こんなに素晴らしいことが本当なら、私もぜひ実践しようと思いました。

マーフィーによれば、自分の夢や希望をいくつでも書いて枕の下に入れて寝れば、いつかかなっているという教えでした。それで私もすぐに、五十項目も六十項目も願い事を書いて枕の下に入れて寝ましたが、一年たっても二年たっても三年たっても、何一つ実現しなかったのです。それで、マーフィーの本にのっていた体験者たちはいろいろなことがかなっているのに、なぜ私は実現しないのか、とすごく悩んだわけです。

## 原因は心の曇りにあった

それでわかったことは、私の心に曇りがたくさんあったために実現しなかったということです。トータルしていちばん多く思ったことが実現してしまうのが「心の法則」なのですから、法則どおりに実現しなかったのです。つまり、私が毎日、五分や十分、願い事がかなうように思っても、「そんなうまい話はない」とか「そんなことができるはずない」と、それを否定する自分がいつもいたのです。自分ではこの願いがかなったらいいと思うのですが、もう一人の自分はいつでも否定していた、ということに気づいたのです。

では、その否定する自分とはいったい何なのでしょうか。そこで私はその原因を探求したくて、高橋信次先生と出会い、そのときに、否定する自分の原因が心の曇りにあるということがわかったのです。

私たちの内側には、生まれてから今日まで、思ったり、感じたり、行動したりしたことの中の、マイナス的な感情とか思いなどがたくさんあって、それらが無意識の中にいっぱい詰まっています。そして、マイナス的な思いや感情などが多ければ多いほど、雑念や否定的な想念となって、それらが、たとえ私たちが理想や希望を心にいだいたとしても、そうした願いをかなえたい、という思いを打ち消していくエネルギーになっていることを知りました。

私にとってそれは本当に目からウロコでした。今まで、原因がわからないために苦しんだのであって、原因がわかればその原因に対処すればよいわけです。そして、原因がわかり、それならば心の曇りを晴らして、心を浄化していけば、私はこれから自分の夢や希望は全部かなうんだ、とわかったとき、ものすごくうれしく、天にも昇る気持ちでした。

そこから、心の浄化をするということの探究が始まっていきました。その結果、「真我実現セミナー」のカリキュラムが生まれたのです。

今、私が提唱している、真我実現に至るための「真我実現セミナー」のカリキュラムは、四ステップで構成されています。各々のステップごとに心の浄化をしながら、「最終的に自分の理想・希望が何なのか」「この人生での自分の本来の役割や使命が何なのか」を見極めながら、最終的に各人の真の願いがかなっていくというステップなのです。

## 職場の人間関係で自殺したいと思っていたYさん

今まで、数多くの方が私の提唱している真我実現セミナーに参加してくださっていますが、その中には、実際、いろいろな方がおられます。

真我実現セミナーを受ける直前まで、自殺したいと思っていたYさんという男性がおられますので、その方のことをこれからお話しさせていただきます。

その方は自殺したいほど苦しいということで、私のところにカウンセリングに来られたのです。そのとき私は、このように申し上げました。

「あなたが自殺したいのなら、それはあなたの自由ですが、その前に一つだけ私から提案があります。あなたに死ぬ覚悟があるのであれば、その前に真我実現セミナーを受けてからでも遅くはないのではありませんか。とにかく、四カ月だけ待ってください」

すると、「それもそうですね。どうせ死ぬんだったら、今まで貯めたお金も使う予定はないから」といって、そういう決断をなさったわけです。

その方は、ある会社で働いておりました。なぜそのようなことになってしまったかというと、原因は職場での人間関係です。嫌な上司が二人いて、全然Yさんを評価してくれず、毎日いじめみたいなことをされ、だんだん気が重くなり、憂鬱で憂鬱でしかたがなかったとのことでした。その上に、職場の人も、君といるとすごく気が重くなるからといって、Yさんを避けるのだそうです。その結果、自分だけが孤立して、毎日暗い気持ちで仕事をしていたということでした。

## 平日は深夜帰宅で土日も休めない

仕事量が多いうえに、上司がけっこう厳しい職場だったらしくて、毎日帰宅するのは深夜の十一時や十二時で、やっと寝て、朝起きたらすぐに仕事で、土日の休みもなかったとのことでした。彼は三十代で未婚でしたので、結婚のことも頭にあったのですが、これでは一生結婚できそうもないと思ってしまい、生きていく希望がもてなくなってしまった、というのです。

「それでは、有給休暇はないのですか」と聞きましたら、「まず取れないでしょう」との返事です。

「では、心と体のリフレッシュのために短期間の休暇願いを出せないのですか」

「休暇願いなんか出したら左遷させられるので、大変なことになります。社員が休暇を取れるのは病気になったときか、完全に解雇されたときぐらいしかないのです」。

そして、「真我実現セミナーを受けるのはかまわないのですが、まず日程が取れない」というのです。「一月《ひとつき》に三日間ずつ、四カ月で十二日間、セミナーのために休暇なんて、絶対に許可されない」といわれました。

そこで私は、「もしそれでクビになっても、自殺を考えているくらいなんですから、それでいいじゃないですか」と申し上げました。


すると、「それもそうですね」と、Yさんははじめて自分が死んでもいいと思いながらも、クビになることを恐れていることに気がついたのです。追い詰められているときには、矛盾している自分の考え方にも気がつかなくなってしまうのです。

では、どういう理由で休暇願いを出したらよいのか、そのヒントだけお伝えしました。

「あなたはいま会社で、精神がおかしいと思われています。まわりの人があなたのそばへ行ったらドーンと重たくなるというくらいなんですから、自分はちょっと精神的に病んでいて、(関西の方だったので)東京の精神科医に素晴らしい人がいるから、そこに定期的に四カ月通いたいので、休みをください、と書かれたらどうですか」と伝えました。

すると、Yさんは「ああ、いいですね」といってメモをし、後日、その旨を書いて、上司に出されたのです。すると、すんなりとOKが出てしまい、本人はびっくりしていました。絶対に無理だと思っていたのにOKが出たのです。

## 内観で気づきを得る

そして私のところのセミナーに参加されて、まず第一ステップである内観法を三日間、受講されました。最初はまったくボーッとして、暗い顔をして下を向いていたのですが、まわりの人々が皆、心の浄化に取り組んでいるなかにいるので、いつのまにか彼も心の浄化に取り組みはじめました。

まずは、お母さんとの関係を見ていただきました。次に、お父さん、続いて、Yさんがかかわった家族の人たちや、昔の友人、学校の先生などの一人ひとりと、Yさんとの関係を見ていっていただきました。引っかかっている人は、客観的に見るのが難しいので、最後に調べていただきます。

相手と自分の関係を見ていく場合は、ただ事実を淡々と見ていけばいいだけなので、素直でさえあれば小学生でもできることです。今までかかわってきた人との関係を年代順に、お世話になったこと、お返しをしたこと、迷惑をかけたことの三つの設問にそって調べていくと、結果として、今まで考えていた自分とは違う、とんでもない自分が浮き彫りに見えてきます。すると、こんなに恩知らずで、人に迷惑をかけていた自分が、許されて、生かされている事実に気づきます。その結果、不思議なのですが、自動的に感謝が湧いてくるようになるのです。

Yさんがそのようにして、両親やかかわってきた人々のことを徹底的に調べていくうちに、「自分は今まで気づかなかったけれど、こんなに多くの人に愛されていたんだ」ということに気づきはじめたのです。

そうこうしているうちに、「でも、自分によくしてくださった人の気持ちも考えず、ずいぶん迷惑をかけてきたばかりか、何のお返しもしていなかったな」ということに気づいたのです。そして、いったい自分は今まで何をしていたんだろうと、はじめて現実の自分が見えてきました。そして今後、自分は何をしなければいけないのか、どのように人とかかわっていけばよいか、ということもだんだんと見えるようになったのです。


Yさんは今まで、あの上司がこうしてくれない、この上司が認めてくれないと、人のことばかり責めていたものが、「いやあ、とんでもない。そんなことをいっている場合じゃなく、まずは、いま自分ができることでお返しをしていかなければいけない」というような気持ちが、自然と芽生えていきました。

真我実現セミナーでは、だれもこうしなさい、ああしなさい、と指導する人がいるわけではなくて、参加される方の真我が自動的に導いてくれるようなカリキュラムがあり、それにそって瞑想と呼吸法をおこないながら、自分を調べていただくだけなのです。

その結果、ご自分の中で回答が出るようなシステムになっています。Yさんに対しても、私は特別な指導をしたわけでもなく、ただ、カリキュラムに従って、生まれてから今日までかかわってきた人と、Yさんとの関係を調べていただいただけなのです。

## 嫌いな上司にも感謝が湧く

身内関係を調べ終わる頃には、いろいろな人からお世話になっていた事実に気づきます。さらに、自分はこんなに多くの人たちから愛されていたということに気づくと同時に、感謝が生まれてきて、心の中がだんだん温かくなっていくのです。そうしているうちに、心に余裕が生まれてきますので、次に対象を仕事関係の人にも広げていきます。

私たちが悩んでいるときとか、人間関係で相手とうまくいっていないときには、心に余裕がないので、相手のよい面などを見ることはできないものです。逆に、嫌なところしか目につかないのです。ところが、その上司からお世話になったことを調べてみると、けっこうたくさんあるのです。それに対して、お返ししたことはほとんどなく、迷惑はいっぱいかけている場合が多いのです。

その事実に気づくと、「あの上司が自分にあんなことをいったり、つらく当たったのは、自分が反発していたり、嫌っていたり、そういう態度だったから当然、そのような結果になったんじゃないか」と思えるようになります。Yさんの場合にも、上司からつらく当たられたり、厳しいことをいわれた理由が自然にわかりました。その結果、彼の心の中で、上司に対しての感じ方やとらえ方が変化していったのです。つまり、あれほど嫌っていた上司に対して、感謝の気持ちが生まれてきたのです。

## 人は皆、何重にも仮面をかぶって生きている

第一ステップの内観法の三日目には、「嘘と盗み」というテーマで自分を調べていきます。ほとんどの人が気づいていないのですが、多くの人は、自分に嘘をつき続けて生きています。苦しみの根本原因の多くが、自分についている嘘からきているといっても過言ではないでしょう。だいたい、慢性的にどんなことをしても治らない病気なども、自分に嘘をついていることが原因であることが多いようです。

それは無意識にであって、自分ではわかりませんが、そのことが自分を苦しめているのです。「嘘と盗み」を調べていくと、だんだん滑稽になってきます。なんで、こんなにも自分で自分に嘘をつかなければいけないのかと、あきれてしまいます。

その理由は、私たち人間は、自分が人にどう見られているか、ということばかりを考えて生活しているからです。「自分がどう楽しく生きるか」ではなく、「どう思われたい」とか「どう見られたい」などの思いが先にあり、人の評価を頼りに生きているために、いつもびくびくして、真から人生を楽しめなくなっている人が多いのです。

自分が人から認められたい、よく思われたい、という思いから、勝手に自分の像を作り上げているわけです。親はこうあるべき、上司はこうあるべき、妻は……、夫は……、恋人は……などと、各々の概念によって作っている像があるために、自分の本心を隠して仮面をかぶっているのです。多くの人が、本心の自分とは違う自分を演じているために、それを見破られるのが怖くて、漠然とした不安をもっているのです。それで、自分の欠点を指摘されると頭にきたり、イライラするのです。

なぜ頭にきたり、動揺したりするかというと、自分が隠していた欠点を指摘されたからなのです。そのことが本当に当たっていなければ、心は動いたり、カッとなったりするはずがないのです。それほどまでに頭にきたり、葛藤したり、イライラするということは、仮面をはがされ、見せたくなかった自分の恥部を見られたからなのです。

私たち人間は皆、無意識の中にマイナス的な醜い思いや感情が詰まっているのですが、そのことに気づかずに、自分を装うために仮面をかぶるのです。多くの人は自分のことはわからずとも、人のことは見えます。どんな仮面をかぶっている人でも、他人の仮面の下にある相手の弱点や欠点は見えるので、あの人はあんなことをいっているけれども、こうじゃないかとか、ああじゃないかなどと、人の批判をしているのです。

子供を見ればわかります。小学生の頃はいちばん純粋な時期なので、大人がどんなにうまいことをいってもごまかせません。学校時代を思い出してみてください。学校の先生で、あの先生はよい先生、この先生は嫌な先生と、多くの生徒は見抜いています。嫌いな先生は、だいたいほとんどの子に嫌われますし、好かれる先生は皆に人気があります。それは、子供であっても大人の本質を見抜いているからなのです。

## 仮面のせいで本当の自分を見失う

それと同じで、大人になっても、だれでも大なり小なりに、直感力をもっているので、第一印象で、この人は私によくしてくれる、とか、この人は私に害を与えるかもしれないので付き合ってよいことはない、などというふうに感じられるはずなのです。

しかし、話しているうちに、言葉で説得されたり、洗脳されたりして、相手のことがわからなくなってくることもよくあります。

多くの人は仮面を何重にもかぶっているために、自分で自分のことがよくわからず、いったい自分って何なのか、どれが本当の自分なのかすらも、わからないのが現状です。それが、ものすごくストレスになっているのです。

それで、まず内観という手法から入っていって、現実の自分がだんだん見えてくると、今までちょっとのことで、あんなに悩み苦しんでいた自分がすごく滑稽に見えてきます。

道化師のように見えてきて、おかしくて笑い出すぐらい滑稽になる人が多くいます。

そしてそのとき、なんであんなことを大事にとらえていたのかと考えると、ただ、自分の本性に気づかれてしまったのではないかという不安か、自分が認めてもらえなかったことへの怒りのいずれか、ということに気づくのです。


結局のところ、Yさんもそういうことに気づいたとき、おかしくなってしまって、自分を見てケラケラ笑い出してしまったのです。すると、憑き物が取れてしまったように明るくなったのです。つまり、今までかぶっていた重い鎧《よろい》のような仮面がすべてはがれてしまった、というわけです。そして本来の子供時代の純粋な本人に戻ったのです。

そしてYさんは、素直で明るい、感謝にあふれた真我のエネルギーで心が満たされたのです。すると、急に感謝があふれ出してきて、今まであんなに嫌っていたAさん、Bさんという上司に、「申し訳なかった。なんで今までこんなことに気づかないで、失礼な態度ばかり取っていたんだ」ということに気づき、職場へ行くのが楽しみになりました。

## 突然の配置換え

真我実現セミナーは、四カ月にわたっておこなっておりますが、Yさんの場合、二カ月目の「止観法」が終わったときに、大きな気づきを得ました。そして彼が会社に戻ってみると、彼にとってよい状況がどんどんと展開しはじめたのです。第一ステップの内観法が終わり、帰路につく列車の中で彼は、せっかくよい瞑想を覚えたので、会社から帰って毎日実行したいが、今までのままでは、残業が多くてできないので、なんとかよい方法がないかと案じていたとのことです。ところが、第一ステップが終わって出社したところ、突然、配置換えが起きて、九時から五時のところに移れることになったのです。

その配置換えで、さらに驚くようなことが起こったのです。出社してすぐに二人の上司に挨拶に行ったところ、Aさんはすごく理解してくれ、「よかったね」とまでいってくださり、今までのわだかまりが取れて、すごくよい関係になったそうです。そして、Bさんにもお詫びをしたのですが、Bさんは淡々としており、今までどおりだったそうです。

ところが、配置換えのとき、自分とうまくわかり合えたAさんと一緒に違う部署に配置換えになり、Bさんとは縁もなくなってしまったということです。そのように理想的なかたちに変わってしまったということです。

Yさんは、今まで職場で文句ばかりいっていたそうです。しかし、真我の自分に目ざめてからのYさんは、自分の与えられた中で、今、何をしたらよいのかが見えてきて、それを一生懸命実践していったところ、上司から認められ、さらに、周囲のいろいろな人からも喜ばれ、重宝がられて、職場での人間関係がよくなり、すべてにおいてよい状態が展開していったのです。

## 感謝があふれると真我と波動が合って応援が得られる

「最初は本で読んで、そんなことがあることは知っていたけれど、そういう話って全然、信じられなかったのです。でも、現実に自分の身に起きたので、本当に真我の世界からの応援ってあるんですね」とYさんはいわれました。

このように真我の応援が得られるようになると、こんなに上手くいっていいのか、と思うくらい、自分にとってよいことがたくさんまわりに起こり始めます。その人が真に心の浄化の方に向かうと、その人が願ったことがどんどんかなうような世界へと真我がその人を導き、応援してくれるのです。

Yさんも感謝の気持ちが湧いてきたことで、真我（宇宙意識と直結した本当の自分）と波動が合ったのです。真我の世界というのは、愛、感謝、喜びのエネルギーで満ちているので、自分の中にも感謝があふれてくると、真我のエネルギーと同じような波動を発するようになるので、真我からの応援が受けられるようになるわけです。

真我がどんなに応援したくても、肉体をもっている私たちの側が悩んだり苦しんだり、「できない、だめだ」というマイナスの思いばかりでいると、波動が違うため、応援のしようがないのです。ところが、自分自身が感謝にあふれてくると、真我と波動が合うので、真我からのサポートが受けられるようになり、自分が思ったとおりの展開が始まっていくわけです。

## 若い頃の私は病気の問屋状態だった

現在、体を壊している人や慢性病で苦しんでいるが人がけっこういます。私も若い頃は病気の問屋状態でしたから、その方々の苦しみはよくわかります。

私の場合は、腎臓が腎不全になる一歩手前で、放っておけば人工透析になるような体でした。また、生まれたときから腸が弱く、一歳を過ぎた頃にずっと下痢が続き、骨と皮になるほど痩せ、食べ物は受けつけず、口から泡を吹いていたらしいのです。母の話によると、この子は絶対に助からないと、いろいろな病院でいわれ、病院をたらい回しにされていたところ、中国の大使館の病院で、やっと一命を取りとめたとのことです。

そのせいか、その後は、腸麻痺といわれる、腸が正常に働かない病気になり、下剤を飲まなければ、一週間でも二週間でお通じがないという状態が続いていました。二十歳の頃には、アトピー性皮膚炎もひどくなり、膿が出るくらい夜中にかきむしってしまい、次の日には、包帯を巻かないと外に出られないような日がよくありました。夜は蕁麻疹がかゆくて、毎日、一時間から二時間、掻かないと寝られないような状態だったのです。

私は後に、内観法や止観法をしていってわかったことは、私が心と体を自分で自ら癒す方法を皆さんにお伝えするために、このような環境を設定したということです。つまり、虚弱でいろいろな病気を体験することを計画して生まれてきた、ということなのです。もし、私が病弱でなかったなら、体のことをこれほど熱心に研究していなかったでしょう。健康だったら違う道を歩んでいたのではないかと思います。しかし、子供のときは、自分が設定した計画とは考えられませんでしたので、それは悩んだものです。

## 子供の頃から朝食抜きでお菓子が主食

私の子供の頃は、なんとか生活していければよいという時代であり、両親は共働きでした。子供時代に、朝食はいっさいありませんでした。母親は仕事をもっていたので忙しくて、朝食など作っている暇がなかったのでしょう。母親は自分が健康だったせいか、健康法に対しての関心がまったくありませんでした。子どもは何をしても育つと思っていたようです。

ですから、お昼はかろうじて給食を食べて必要な栄養をとり、家に帰ってくるとお金が置いてあって、好きなものを買って食べなさい、という状況でした。近所が商店街だったので、夕食はいつも駄菓子や好きなお菓子を買って食べていました。

私の子供時代は、毎日給食だけが普通の食事で、それで命をつないでいたようなものです。そのようなとんでもない食生活を送っていたため、私は成長期にタンパク質とかカルシウムが不足し、臓器の働きが十分でなかったのです。そういうことがあって、いろいろな病気になっていったのです。

長年、このような食生活を続け、体が病気の問屋状態であったので、もし何の健康法もせず病院にだけ頼っていたら、とっくの昔に寝たきりになるか、この世にいなかったのではないかと思います。私はたまたま心の世界に触れ、心と体を自ら癒す研究をし、実践をしてきましたので、なんとか生き延びることができました。

## 心の問題を抜きにしては治らない

ヨーガを勉強してからは、宇宙の根本法則は原因・結果の法則だ、ということも知っていましたし、私の体が悪いのは何らかの原因があり、その原因を探して原因を克服すれば必ず健康になる、ということも信じることができていました。
それで私は、自分の体を癒すために、呼吸法や瞑想の他に、断食とか食事療法など、いろいろなことをしていきました。

ヨーガを取り入れた生活をしていくうちに、たしかに、私の今までの食生活はめちゃくちゃであり、これでは体が悪くなるのは当たり前だし、もともと弱いうえに肉と甘いものしか食べていなかったのですから、これではどんな人でも悪くなるはずである、ということがわかったのです。
それで食生活を正したり、呼吸も浅かったので呼吸法をおこなったり、集中力がなかったので瞑想もしたりと、いろいろ健康によいと思われることを実践していきました。また、体も硬かったのでストレッチやヨーガのポーズなどもしているうちに、少しずつ体がよい方向に向かっていったのです。

そして最終的に、慢性的に悪いといわれていた腎臓を治そうと決めたときに、心の問題を抜きにしては治らないということに気づきました。やはり腎臓や肝臓、腸もそうですが、それらの臓器を動かしているのは自律神経です。

自律神経は別名、感情神経といわれていて、自分の感情のコントロール下にあるのです。ですから、ストレスを抱えていると、交感神経が優位になってしまうために、自律神経のバランスが乱れ、さまざまな臓器が正常に働いてくれないのです。

そのときに私は、腎臓を治すためには、自律神経がカギであることに気づきました。そして、自律神経のバランスを取るためには自分の心を見ていき、その中のストレスになるものを取っていかなければいけない、ということが、高橋信次先生との出会いによってわかったのです。そして、心の浄化の大切さを痛感し、心の浄化をする決心がついたのです。

## 心の曇りを晴らすための内観瞑想を始める

そして、なぜ私の腎臓はうまく働いてくれないのかを考えました。つまり、自律神経の調整がとれないその根本原因を探っていくと、結局、「なんで私だけがこんなつらい思いをしなければいけないのか」とか、腸が痛いとか、全身がかゆくてつらい、などといったマイナスの感情が、無意識の中にいっぱい詰まっていたというわけです。それが心の曇りになって真我のエネルギーを閉ざしており、真我のエネルギーである感謝や愛が心に伝わってこなかった、ということに気づき、心の曇りを晴らすための瞑想を始めたのです。

私も内観を、母親、父親など身近な人から順番に調べていきました。すると、いろいろなことがわかってきたのです。以前の私は、母親がすごく愚痴っぽかったので、私は母親としゃべるのが苦痛だったのです。会えば必ず愚痴話を聞かなければならないので、母をできるだけ避けていました。また父親はものすごい短気だったので、父親もちょっと気が重いなと思い、どうしたらよいかがわからないため、両親からいつも逃げていたのです。

ところが内観法でずっと母親との関係、父親との関係を深く見ていったところ、なぜ母親からあのような愚痴が出るのかがよくわかりました。それは結局、母親は私と父親から自分が認めてもらえないからだったのです。母はだれからも認められないことから不満がつのっていきました。そして、その不満がたまった結果、愚痴になったのです。それは私にも原因がありました。母親の話を聞こうともしなかったし、母親をほめたこともなかったのです。そのうえ、感謝もまったくなかった、ということにも気づいたのです。

特に私の場合は、母親と父親に対して、いくら内観してもなかなか感謝が出なくて困っていました。ところが、今までお世話になったことを金銭面で計算してみたのです。そのためには、両親を赤の他人だと思って計算をします。

赤ちゃんの頃はおしめを取り替えてもらったり、ミルクを飲ませてもらったりするので、人件費としての日当を今のお金に換算して払うと想定して計算します。一日一万円から二万円ぐらいとし、夜も泣いたり起こしたりして手がかかったのであれば、夜勤手当として一万円と計算します。その他、食事代、部屋代、学費、洋服代など細かく計算をしていきます。私の場合は、私が通った音大の費用とか全部入れて綿密に計算したところ、二億何千万だったと思います。その総額を見たときに、それが全部かたちを変えて愛情となって私に迫ってきたのです。

そのとき、自分はいったい何をしていたんだろうと思いました。今まで母に不満をもち、父に不満をもっていましたが、とんでもないことだと思ったのです。

なぜなら、この今まで与えてもらっていた二億円以上のお金を返せたときに、はじめて対等な立場に立てることに気づいたからです。

そして今までの養育費を返せたとき、はじめて相手への不満をいうことができるが、一方的にこれだけの愛を与えられながら何一つ返せていない自分に、不満などいう資格はないと気づきました。

そして、今後どうやってこのお金に匹敵するようなお返しができるのだろうか、と考えたとき、不満はすべて消えてしまったのです。

## 両親に何もお返ししていないことに気づく

私は両親を赤の他人だと考えたときに甘えの気持ちがなくなり、不満どころか何もお返ししていない自分が情けなくなっていきました。このことに気づけなかった当時の私は、父や母に対して、ああしてくれればよかった、こうしてくれればよかった、と思っており、とんでもないことを思っていたものだと反省したわけです。

そして、この二億円以上の愛情に対して、どうやって一生のうちに返そうかと思っているうちに、感謝の気持ちがあふれてきました。すると、不思議なことに、今度は母のよいところが見えはじめてきたのです。

今までは嫌なところが目についていた父に対しても父のよいところが見えはじめてきました。その後の私は、両親にことあるごとに感謝の気持ちを言葉で伝えたり、母を誘って食事に行ったり、父にプレゼントしたりと、いろいろなことをして、今までと全然違う行動を両親にとるようになっていきました。

最初は父も母も戸惑って、いったい何が起こったんだろう、と思っていたようですが、喜んでくれることはあっても怒りはしませんでした。そうしたときに、母の愚痴がピタッとなくなってしまい、あれほど短気であった父も、私に対して怒ることがなくなってしまったのです。

ものすごくやさしい父になり、母も楽しそうになっていきました。

私たちは、この人はこういう人だ、あの人はああいう人だと、自分を含めて、すべて決めつけて見る傾向にあるようです。しかし、そのような決めつけは、勝手な概念でしかないということが、内観をして自分の見方が変わったときによくわかります。

自分の接し方や出方で人は皆、違ってくるし、どんな人も私たち側の見方で引き出される面が違ってくるのです。それは、だれでも自分を知ったときにわかると思います。

私は、母や父に感謝が出たときにはじめて、なんで私がこんなに長い間、病気に苦しまなければいけなかったのか、ということの根本原因に気づけたのです。

その理由は、体に対する感謝が全然なかった、ということです。

当時の私は、腸や腎臓がスムーズに働いてくれないことへの不満ばかりがあり、感謝の気持ちがなかったため、いつもストレスがたまっていたのです。そして、腸も働いて当然、腎臓も働いて当然という思いしかなかったのです。

## 弱った腸や腎臓などに感謝を捧げる

これは私が瞑想をしていてわかったことですが、私たちの体の細胞は植物や動物などと同じで、皆、意識をもっています。胃袋には目や鼻がないから、人格をもっているようには思えませんが、個別の意識があるのです。海のイカは感情などないように見えますが、意識もあるし、怒ったりもします。

それと同じように、胃袋も肝臓も、その他の私たちの臓器や、目、鼻などの器官すべてに各々の意識があります。それは瞑想していくと、だれでもわかるようになります。

それで私は、「そうだ、これからは内臓や器官に感謝していこう」と思って、一つひとつの臓器に対して内観をしました。腸にお世話になったことで、○歳から三歳にどんなことがあったかを見たのです。私がわがままで好き嫌いがあったにもかかわらず、なんとか今日まで生きているということは、私の腸はいろいろと問題があったとしても、どうにか働いてくださっていたのです。

便秘しながらも働いてくださり大変だったなと思うと、いかに腸に対して迷惑をかけていたか、ということがよくわかりました。でも、お返ししたことは何もありませんでした。そして、だんだん大きくなるにつれて、お菓子ばかり食べるのですから、腸もたまったものではないわけです。

腸にとってよい栄養など何もいきません。おしるこに羊かんを入れて食べたり、そんなひどい食生活をしているわけですから、腸は麻痺していく一方です。そこへもってきて、アイスキャンデーだのアイスクリームだのと、冷たいものを食べて、腸が悪くなるようなことばかりしているわけです。

そのような環境では、腸もまともに働けるはずがありません。さらに、感謝もしないで、私はどうしてこんなに具合が悪いんだ、と怒ったり、自分でイライラしたりしているのですから、腸もたまったものではありません。

それで、「腸さん、本当にごめんなさいね。申し訳ないことをしました」といいながら、腸に手を当てて、「そんな中でも働いていただき、ありがとう」と、毎日繰り返してそれを実行したところ、腸がボコボコと動きはじめたのです。そしていつの間にか、下剤などまったくいらなくなり、普通の腸になって、排泄ができるようになったのです。

腎臓もそうです。全然、お小水が出なかったり、一日一回、出るか出ないかのような状態で、しょっちゅう体がむくんでいました。それで、やはり「腎臓さん、腎臓さん、本当にごめんなさいね」といいながら、腎臓はウエストの後ろ側に二つあるので、そこに毎日、両手を当てながら内観して、感謝していきました。

「本当にありがとう。こんな中でも今生きているっていうことは、あなたがかろうじて働いてくれたからですね」といって、感謝し続けておこなったところ、腎臓もボコッボコッと動きだすのです。ついに私の腎臓も正常に働きだして、お小水も一日数回、出はじめました。肝臓も同じように働いてくれるようになり、当時、鈍重肝《どんじゅう》（肝臓がいつも重苦しい症状）であった肝臓が正常に働きだしました。

また、私は視力も、以前は〇・〇一くらいでしたが、眼鏡が不要なまでに回復しました。眼もそのような方法でよくなったのです。毎日、眼に感謝して、眼に負担をかけていたことをお詫びし、さらに眼筋のトレーニングなども平行しておこなっていくうちに、ある日、突然パーッと視界が開けて見えるようになったのです。

このように臓器の細胞にも器官にも、意識があるのです。その一つひとつに感謝をしていくことで、臓器や器官が本来の働きを取り戻していきます。私は、これがいちばん副作用がなく早い治し方だと思います。ですから、本来私たち一人ひとりには癒す力が宿っているので、その力が働くようにすれば、体は癒されていくようにつくられているのではないでしょうか。

## 感謝で免疫力が高まる

感謝が体に及ぼす影響については、最近、医学でもいわれはじめました。あるお医者さんが「免疫力というのは感謝したときに出てくる」といっていました。余命何カ月と宣告されたガン患者の中にも、奇跡的に治る人がいるのですが、そういうことを研究しているグループが、治った人はどういう人かというのを調査したところ、その方々は、免疫力が強くなっていたとのことでした。

そのように免疫力が強くなった人が、どうしてそのようになったのかを調べてみると、その方々に共通していたのが、感謝の気持ちが出た結果のようなことをいわれていました。その中のある方は、自分の死ぬ時期を知り、最後の日々を今までかかわってきた人に深い感謝を捧げようと思い、今までかかわった人々に「本当にありがとう」という気持ちを心の中で伝えていったときに、免疫力が強くなり、その結果、ガンが退縮し、治ってしまったということのようです。

告知をされなければ自分がガンだとわからないので、そのまま逝ってしまう可能性が高いのですが、余命を知らされた人は、せめて自分がお世話になった人にお礼だけでもしようと思い、感謝の気持ちをいろいろな人に向けているうちに、免疫力が上がって治ってしまったりするそうです。

また自分は残された命を精一杯、人のために何かしよう、と思ったときにも、すごく免疫力が上がっていき、その結果、治ってしまうことがあるそうです。実際に、ガンの末期で、もう絶対に治らないといわれた人で治った人はたくさんいます。

## 感謝で末期ガンを完治させた寺山心一翁さん

経営コンサルタントであり、現在、ガンを自分で治す方法について講演をされている、私の知人の寺山心一さんは、かつてガンの末期だったことがあり、それも肺ガンと腎臓ガンで、腎臓は一個取っており、あと余命三カ月くらいといわれたそうです。

そのときに、寺山さんは「あと三カ月の命で、病院なんかにいられない。どうせあと三カ月なら、自分で好きなことをして死のう」と思い、病院を出る前に病院の屋上に上がって、朝日に向かって毎日、体やその他いろいろなことに感謝をされたそうです。

とにかく最後に感謝して死にたいと思い、朝日を拝みながら、さまざまなことに感謝して、毎日毎日、瞑想したそうです。

そして、食事も野菜を中心にしたバランスのよいものに変え、それと平行して、体に対しても一生懸命、感謝をしたところ、なんとガンが完治してしまった、ということです。ガンが治ってからもう何十年もたっていますが、今は、以前ガンであったことが信じられないほど元気になられて、世界中を駆けまわって、ガンの人たちを勇気づけておられます。ですから、感謝の力というのはすごいことなのです。

## 感謝力で人生のすべてがうまくいく

感謝すると、もちろん真我の応援も受けられるようになりますので、不治といわれるような病気が治ったり、人間関係がよくなったり、人生が好転したり、自分にとってよいことがたくさん起こってきます。さらに、感謝の気持ちが深まるにつれて、「勇気」や「やる気」が出てきます。

さらに、感謝というのは強力なエネルギーなので、それによって創造エネルギー、つまり、ものを作り上げるエネルギーが湧いてきます。ですから、感謝が深くなればなるほど、自分がするべきことが見えてきて、それも感謝に比例してよく見えてきます。

そうすると、今、自分が何をやったら人が喜ぶのか、何をさせてもらえばよいのか、ということが、明確にわかってきますので、情熱が湧いて、いっそうエネルギッシュになっていくわけです。それでよい循環が始まっていき、人生が好転していくという、よい連鎖が起こっていくのです。

# 5章

# 感謝力は心の浄化に比例する

## 生まれる前からのトラウマ

何度もお話ししてきましたように、もともと私たちの真我（ハイヤーセルフ）は感謝の泉や、愛の泉であり、私たちは本来、感謝にあふれ、愛にあふれた存在なのです。

ところが、生まれてから今日までの教育や思想、習慣など、いろいろな条件づけというものに影響を受け、それらによって、私たちは本来の真我の心の状態から離れてしまうのです。


まず、お母さんのお腹の中にいるときから、お母さんが思っていることとか胎教とかが、私たちの無意識の中に入ってきます。子供がお腹に宿ったときに、すでに、お母さんが、「しまった。産もうか、産むまいか、どうしようか」などと迷ってしまったら、その子供への影響はどうなるのでしょうか。最近はそういう人がたくさんいるようです。

また、いつの間にかお腹が大きくなってしまって、しょうがないから産もうか、ということになって産むような場合もあるわけです。このような母親の思いは、間違いなく子供の無意識の中に入り、その子のトラウマになってしまうわけです。
子供の方はお腹にいても、いつ堕ろされるかわからないために、ものすごく不安な気持ちでいます。いったいどうなるんだろうと、その恐怖が子供の無意識に入ってしまうのです。要するに、子供を授かったときから、夫婦が喧嘩をしたり争ったりした場合は、それらのことが胎教として子供に入っていってしまう、ということなのです。

ですから、いろいろな条件づけは生まれる以前にトラウマとしてあるわけです。それが無意識の中にすべて記録されています。さらに、生まれてからの家庭環境というものがあります。お父さんの教育、お母さんの教育、兄弟、おじさん、おばさん、まわりの人、近所の人など、いろいろあります。さらに学校へ行くようになると、先生や友人など、影響される人が増えていきます。

## 自分の中の醜さに気づくことが大事

すでにお伝えしましたように、私たちの無意識というのは潜在意識の一部分に存在しています。つまり潜在意識というのは、顕在意識以外の真我をも含めた意識を指しています。無意識には、善悪の区別はなく、どんなことでも自動的に受けて、その思いや感情を蓄積していきます。そして、その中には、目醒める以前は、マイナス的なことが多く記録されているのです。

そのために、自分の中から不意に憎しみの気持ちや相手の不幸を願うような醜い気持ちが出ることを、多くの人は体験されたことがあると思います。

今まで、そのようなときには、「ああ、いけない、いけない」と思って、その思いを断ち切ろうとしたり、「いや、そんなはずはない」とか「こんなはずはない」とか思って、そのマイナス的な感情をことごとく否定してきた方も多かったと思います。

しかし、実際にそういう思いが出るということは、自分の中にそのようなマイナスの思いがある、ということなのです。しかし、それを「良い」とか「悪い」とか、いっているのではありません。

ただ、無意識の中にある、マイナスの醜い思いや感情に気づき、自分の内側にあることを認識し、手離していくことで、解放につながるのです。そして、そのことが私たちの心をいろいろな縛りから解放することになるのです。要するに、自分の内側にある感情や思いを素直に認める、つまり、「見る」ということは、無意識の中にあるものを受け入れることであり、それを真我（ハイヤーセルフ）にいやして頂くことが解放につながるということなのです。

私たちが、生まれてから今日までにかかわった人との人間関係を見ていくうちに、無意識の中にあったヘドロのようなものが、しだいに見えてくるようになります。「今まで自分はまあまあだと思っていて、こんなに醜い心があったとは思いもしなかった」というように、今まで思ってもいなかった嫌な自分を見ることで、自分自身が解放されていくのです。

ですから、仮面の下に隠されていた自分や、認めたくなかったような自分を見たときに、「今まで、私ってまともと思っていたけれど、実は無意識の中には、こんなにもドロドロした憎しみや、嫉妬、怒りをもった自分がいた」という事実を、まずしっかりと受け止めることです。

だれの無意識にも、怒りや嫉妬、悲しみ、恐れなどのマイナスの感情が詰まっているので、自分を深く見ていくと、必ず醜い自分が見えてきます。そのような自分を本当に見たときには、「こんな自分が多くの人によくしていただき、なんとありがたいのだろう」とか、「こんな自分を認めていただき、働かせていただいていることは奇跡ではないか」などといったような思いが生じます。

すると、自分がいかに小さな人間であるか、また自分一人では何もできない、ということもはっきりとわかってきます。そのときはじめて、真我に助けを求める気持ちが生まれます。さらに、「目に見えない天上界の聖なる存在の応援を受けたい」というふうに、自分の心が真我（ハイヤーセルフ）に向かうようになるのです。

そして、「私は今、多くの人によくしていただき感謝しています。今後は、縁ある人のお役に立てるよう、お返しの人生を生きていきたく思います。あとは真我さん、どうか応援をしてください。また、天上界の聖なる方々の協力が得られますよう、どうかお導きください。私は多くの人に迷惑をかけてしまいました。でも、これからは、今自分のできることで人々にお返しをさせていただこうと思いますので、どうかご協力お願いします」と、このような心境になったときに、真我からいろいろな応援がいただけるようになります。このようにして、自分の醜さとか無力さに本当に気づいたとき、はじめて感謝の気持ちや祈りたいという気持ちが生まれてくるのです。

## 懺悔と感謝は車の両輪

私は懺悔と感謝というのは車の両輪だと思っています。ですから、懺悔が深ければ深いほど、感謝の気持ちが深くなっていくのです。懺悔というと、誤解される方も多いのですが、それはけっして自分を責めるということではありません。私たちは、自分を深く見ていけばいくほど、無意識にある隠されていた醜い自分が見えてくるので、自然と懺悔の気持ちが起こってきます。そして、懺悔が深くなればなるほど、こんな自分がいま生かされ、多くの人に支えられていることへの感謝が深まっていくのです。

自分が「悪い」などと思って、いくら自分を責めても何にもなりませんし、自分を責める理由など、どこにもないのです。私たち人間は、大なり小なり、自分がかわいいので、知らないうちに罪を犯したり、人に迷惑をかけたりしながら生きていくようにつくられているのですから。

でも人間は、さまざまな罪を犯しながらも生かされているので、いろいろと悩んだり、苦しんだりしながら人生を生きていくなかで、ひとつひとつ学びながら、生かされていることへの感謝の思いを育てていくのです。

私たちは今まで、このようなことを知らなかっただけなのです。そのため、自分を責めたり、人を責めたり、いろいろしてきたと思います。でも、今までのそういう醜い自分もやはり自分の一部なのです。自分の中に一緒に同居しているのですから、小さい子供と同じと思って、嫌ったり憎んだりするのではなく、受け入れる必要があるのです。

## 偽我の意味

だれでも、内側に偽我と真我を併わせもっていると考えると、心の仕組みがわかりやすいと思います。今まで何度も申し上げてきましたが、真我というのは宇宙意識と直結した「本当の自分」のことを指しています。偽我、つまり「偽りの自分」は、無意識の支配下にあり、わがままで、自分勝手で、自分さえよければいいと思ってしまう、どうしようもない自分を指します。

しかし、偽我といっても、それは悪い自分だからとか、どうしようもない自分だからといって嫌ったり、避けたりするべきものではけっしてないのです。私たちはだれでも、成長の過程で、偽我の自分というものが必要ですし、偽我にもまたそれの果たすべき役割があるのです。小さいときからいつも真我と共にあって、お腹がすいても、「いやあ、どうぞ、お先に召し上がってください。私はどうでもいいんです」と何でもかんでも譲ってしまったら、その人はこの人生を生き抜けないかもしれません。

私たちは食べなければ生きられないので、本能的に、人と争ってでも、お腹がすいたらまず自分の空腹を満たそうとしがちです。そうやって生命を育んでいくわけです。このように、本能やさまざまな欲望に満ちた偽我が、人間の中に真我と一緒に同居しているのです。そういう偽我も自分の小さな子供で、ただだっ子だと思えばよいのです。

ただ、今までは偽我に振り回されてしまって、わけがわからないまま生きてきたかもしれません。また、人に迷惑をかけたり、傷ついたりしながら、生きてきたかもしれません。悩み傷ついているようなときは、当然、真我の存在も知らないので、自分というものの本質が「真我」にあるということすらも、今までは気づいていなかったわけです。

ですから、偽我に振り回されていた自分が、心の法則や宇宙の真理などを勉強して、それらのことへの理解が進んでいくと、真我のエネルギーで心が満たされたときの心安らかな状態を体験していくようになっていきます。

## だだっ子の偽我を抱きしめて受け入れる

感謝があって、心が平安な状態で今の自分を客観的に見られるときは、真我（ハイヤーセルフ）と一つになっているときです。そのような気持ちで偽我の自分を抱きしめて、受け入れてあげることで、私たち自身の昔の心の傷がどんどん癒えていくのです。

他人が自分の心の傷を代わりに癒すことはできません。自分のことは、当然ながら、自分がいちばんよくわかっています。自分のやってきたことも、つらかったことも、悲しかったことも、自分がいちばんよく知っているのです。

人は、同じ体験をしないかぎり、そのつらさは絶対に理解できないものです。ですから、その傷ついた自分を真我の自分（感謝にあふれ、愛のある自分）が優しく抱きしめてあげるのです。


小さな三つや四つの子がケガをしたり、友達にいじめられたりして、泣いてお母さんのところにやって来たとします。そのとき、お母さんが「うるさいわね」といって邪険にしたり、「嫌だ嫌だ。汚いからあっちへ行きなさい」などといったら、ますます傷ついてしまいます。

そうではなくて、お母さんが、「つらかったね、大変だったね、わかったよ」と抱きしめてあげて、「いじめられたのは、あなたが悪いからではなくて、一緒に遊んでいたときに、たまたま機嫌が悪い子にそうやっていじめられただけでしょう」などといって、慰めてあげれば子供は納得して泣きやみます。

## 癒されていない「自分」が暴れている

ところが、私たちは今まで自分の偽我に対して、こうしたケアをしないで、放ったらかしのままです。だれでもかつて、つらい思いをした「自分」とか、小さいときからだれも認めてくれなかった「自分」、理解してもらえなかった「自分」というものがいるものです。それらの傷ついた「自分」が結局、私たちの人生の中で知らないうちに自分自身をコントロールして、暴れている場合が多くあるのです。

そのため、人に優しくしようと思ってもできないし、人に何かしてあげたいと思っても、やはり自分の気持ちが思うようにいかず、いろいろなことが、なかなかうまくいかないのです。それは、自分が認められていないからであり、自分が癒されていないからです。その結果、人を癒すこともできないし、なかなか人を認めようと思っても認められないのです。

ですから、まずは呼吸法や瞑想を実践して、心が安らいでいるときの自分が、今までのつらかった自分とか、傷ついている自分を優しく抱きしめてあげて、子供のように、「よしよし」といって慰めてあげることです。そのためには瞑想をしたり、呼吸法をおこなって、心を落ち着けてからすることが必要です。

このようにして、偽我の自分をひとつひとつ抱きしめていきますと、だんだんとトラウマが取れていき、心の曇りが晴れていきます。すると、自動的に真我のエネルギーが心の中にあふれていき、感謝の気持ちで心が満たされていくことでしょう。もともと真我は感謝や愛の泉のようなものですから、愛や感謝の気持ちがあふれてきて当然なのです。

## 迷惑をかけた相手に瞑想の中でお詫びをする

過去に、だれかに迷惑をかけたり、だれかとトラブルがあったりした場合、自分も悪いかもしれないが、相手はもっと悪い、と思って、私たちはなかなか相手に対して真剣にお詫びをしようとはしません。

でも、相手のためではなく自分の心の浄化のためには、自分のしたことをしっかりと直視していくことが必要なのです。本当に人に迷惑をかけたこととか、相手を傷つけたことであったら、直接会えない場合には、会わなくても、瞑想の中や呼吸法の中でお詫びをすることが可能となります。

もう会うことのない人で、今さら手紙を出すのは気がひけるようなときは、出さなくてもかまいませんので、お詫びの気持ちを手紙に書いて、「本当にあのときは申し訳なかったと思います」ということを相手に伝えておくと、不思議なのですが、それが相手の意識につながるのです。そして相手の傷も癒えていきます。

ほとんどの人の心の傷というのは、すべて人間がかかわっています。ですから、あの人からあんなことをいわれたとか、この人に理解できないようなことをされた、といったようなことを訴えてくる人が多いのです。

このように、多くの人は自分の傷を癒して欲しいと思っているのですが、自分が傷ついている人というのは、自分で気づかずに他の人を傷つけている場合が多くあるものです。なぜかというと、傷ついている人というのは、自分のことで頭がいっぱいなので、まわりの人のことが見えません。その結果、心に余裕がないために、人を傷つけていてもわからないのです。

## 自分と相手、両方の心の曇りをとる

ですから、真我実現セミナーでは、心の浄化のために、内観法、止観法、対人関係調和法という三つの方法で自分を見ていくのです。

まずは内観法で、「お世話になったこと」「お返ししたこと」「迷惑かけたこと」の三つを見ていきます。この内観法によって、今までは忘れていた多くの人々からお世話になっていたことに気づき、感謝の気持ちが生まれてきます。それにひきかえ、何一つお返しがなく、逆に、どれほど自分が人に迷惑をかけてきて、お詫びもしてなかったか、ということにも気づくようになります。

そして、第二ステップ・第三ステップの「止観法」「対人関係調和法」では、自分の中にある過去のトラウマや傷ついた自分を真我の自分で癒すことをします。さらに、人を傷つけてしまったことや人に迷惑をかけてしまったことに対して、相手の傷を癒していくことを瞑想の中でおこなっていきます。

なぜそのようなことが必要なのかというと、自分が過去に人を傷つけていて、今はそのことを忘れてしまっていたとしても、相手は一生覚えているかもしれないからです。執念深い人だったら、一生許せないと思っているかもしれません。

そうすると、どうなるかといいますと、自分はすっかり忘れていて、気楽に楽しく過ごしていても、向こうのマイナスの念波はいつも自分に向けられているのです。そして、もしそのマイナスのエネルギーが強力であれば、それに縛られるため、幸せになれないのです。

つまり、私たちが希望や理想に向かって努力していても、あるところで道を阻まれることになり兼ねないのです。または、何かのときに足を引っ張られたり、何かいろいろと不都合なことが出てくるのです。ですから、私たちは自分自身の心の傷を癒すことと、相手の心の傷を癒すことの両面をおこなっていかないと、心の曇りが取れていかないのです。

要するに、自分の心のトラウマや偽我の自分を癒していくことと、人にかけてしまった迷惑や人を悲しませたこと、人が嫌がったことなどで相手の心に傷をつけてしまったことも同時に癒すことで、お互いの心が解放されていくのです。それは相手のためだと思うかもしれませんが、結局は自分のためなのです。

このように、私たちが人間関係の中でつくった心の曇りを取っていくということが心の浄化であって、それをしていくことで真我のエネルギー、つまり愛、感謝、喜びのエネルギーが、内側から湧いてくるのです。

# 6章

# 感謝を引き出すための五つの方法

感謝は、ただ黙って坐っていれば、ひとりでに湧いてくる、というものではありません。感謝を引き出すには、それなりの方法があるのです。そこで本章では、感謝を引き出すための五つの方法についてお話しししたいと思います。

## ①内観をして自分の内側を見る

### 三つの視点で年代順に見ていく

感謝を引き出すための五つの方法として、まず最初は内観をして、自分の内側を見ることです。内観法というのは、具体的には、生まれてから今日までの自分と、その自分にかかわった人すべての関係を、三つの視点で見ていくことです。たとえば、お母さんに対して調べていく場合は、○歳から五歳までの間にお母さんからお世話になったこと、お返ししたこと、迷惑かけたことを調べていくのです。次に、五歳から十歳というように、年代順に調べていきます。

お母さんが終わったら、お父さん、おじいさん、おばあさん、近所の人、おじさん、おばさん、そして兄弟、学校の先生、友人、配偶者、子供というふうに、今までかかわった人で、思い出せる人に関してはすべての人を見ていきます。ですから、けっこう時間がかかります。そのために、内観法のみをおこなうセミナーも用意されています。

そして、かかわった人たちを調べていく過程で、その事実をただ淡々と受け止めていけばよいのです。お世話になったのだから感謝をしなければいけないとか、無理に感謝の心を引き出そうとか、そういう目的でおこなうのではありません。また良いとか悪いとか、そういったことも何も関係ありません。いろいろな人からお世話になった事実をただ淡々と見ていくだけでよいのです。

このようにして内観をすすめていくと、人によっては時間がかかる場合もありますが、遅かれ早かれ感謝が湧いてくるでしょう。しかし、最初からすぐに感謝が湧くとはかぎりません。

前にもお話ししましたように、私自身がそうでした。私はまあまあ感謝がある方だと思っていましたが、それは頭で考えていただけで、感謝で心の中が満たされるような経験はなかったのです。ですから、内観を一回ぐらいしてみてもまだ、「まあ、そうかなあ」というくらいにしか思えませんでした。やはり、内観を何度も何度もおこなって、それを深めていくことで、感謝の気持ちが心にあふれてくるようになったのです。

## ある日、突然、幸せの連鎖が始まる

私が毎日毎日、内観法で、かかわった人々に対する自分を調べていた頃の、非常に寒い二月のある日のことです。

その当時はピアノの演奏の仕事をしていました。そんなある日の帰りがけに、北風が吹いてものすごく寒い中、信号機を待っていたときに、急に感謝の気持ちがワーッとこみあげてきたのです。

なぜ、こみあげてきたのかというと、そのときの私は、ムートンのコートを着ていたのですが、こんな寒い中でもこんなに暖かいコートを着られる自分がものすごく幸せに感じたからです。

すると、このコートを提供してくれた羊が思い浮かび、ムートンの肌触りから、どんな羊かわからないのですが、その羊の愛情を感じたのです。

次に、このコートを作った人のことが脳裏をかすめ、このコートを作ってくれた人に対しても、ありがたいなという気持ちが湧き起こりました。

さらに今度は、これを買えた自分というのは仕事があって、給料をいただけて、その給料をくださる社長さんがいて、本当に自分はなんと幸せなのだろうと、またまた感謝の気持ちで心が一杯になったのです。

続いて、こんな寒い日であっても、これから帰る家があるのは、なんと幸せなのだろうと思いました。世界中にはホームレスもいるし、貧しく裸足で暮らしている人たちもいる中で、家があるということは、なんとありがたいのだろうと思えました。その上、私には親がいて、歩ける足があり、目が見え、なんと幸せなのだろう……と、感謝したくなることが次々と思い浮かび、幸せの連鎖が始まったのです。

## 心の曇りが晴れると「感謝の泉」に到達する

内観法によって、人からいただいた愛や、お世話になった事実を淡々と見ていき、ある時点までくると、不思議なのですが、感謝の気持ちが一気に心の中から湧き出してくる時期があります。

真我には感謝、愛、喜びなどのエネルギーが満ちているので、私たちが、感謝が深くなったり愛が深くなると、当然、真我の本質である感謝のエネルギーや愛のエネルギーが強まっていくのです。私たちが自分の心の中を見ていくということは、井戸掘りと似ていると思います。井戸の場合は、土を掘って土を除いていくことで水脈に当たり、水を汲み上げることができます。心の場合は、無意識の中に記録されているマイナス的な感情や思いを見ることで心の曇りが晴れていき、その結果、真我の本質である感謝の泉や愛の泉に触れることになるのです。

無意識に記録されている思いや感情の多くはエゴイストで自分勝手なものが多いですが、無意識の中にあったものを認識し、意識の表面に上げていけば、無意識の支配下からは外れていくことになるのです。

ですから、感謝の泉に到達するためには、まずは内観をおこなっていくことです。そうすると、今まで気がつかなかったり忘れていただけで、実は、多くの人の助けやいろいろな愛によって今日の自分があることに、気づかせていただけます。その結果、自然と感謝が芽生えていくことを体験されるでしょう。

ですから、私は内観をされることを多くの人におすすめしているのです。

## ②感謝の気持ちを日常生活の中でできるだけ多く表現すること

### 本当のお返しとは

内観をしていきますと、感謝の気持ちが出てきます。そして多くの人は、本当に自分は周囲からいろいろなことをたくさんしていただいたにもかかわらず、何もお返しししていない自分に気づいて、驚くと同時に恥ずかしくなります。

しかし、お返しといっても、あの人がこうしてくれたから、一応、こうしておかないと相手に変に思われるかもしれない、といったような気持ちでおこなうのは、本当のお返しではないのです。たとえば、お母さんから「手伝って」といわれたので、手伝わないと怒られるから手伝ったことは、お返しでも何でもなくて、それはただの義務感でやったものにすぎません。

そうしたものではなくて、「本当に相手を幸せにしよう」「相手がどうしたら喜ぶか」といった純粋な気持ちでおこなったことだけが、本当のお返しなのです。

仕事に関してもそうです。職場で仕事をされている方の場合、「それは仕事だからしょうがない」ということで仕事をされているのか、それとも、自分の給料を考えて、「本当に自分はこの給料に見合うだけの仕事をしているだろうか。自分は会社に貢献しているのか。自分の存在によって会社が発展しているのか。自分がいることで、どれだけ会社がプラスになっているのか」というようなことを考えて仕事をさせていただいているのとでは、全然違うのです。

ですから、自分は会社に貢献したい、といったような気持ちで仕事をすれば、それはお返しになるのです。「端《はた》が楽《らく》になる」ということが「働く」の語源なのですが、そういう気持ちで仕事をされているかどうかです。お返しというのは、そういうものなのです。

## お返しがないと真我の応援は得られない

ところが、このような観点で自分のお返しについて調べていくと、私たちにはほとんどお返しというものがないことがわかります。あっても、ひじょうに少ないのが現実です。私たちのお返しが少ない状態のときには、真我の応援は得られにくいでしょう。

なぜなら、お返しが少ないときは感謝があまりないといえるからです。つまり、本当に私たちは感謝の気持ちが深くなると、まわりの人々にお返しをしないではすまされなくなるものなのです。ですから、感謝の深い人は、自然とお返しをする人生を送ることになり、真我の応援も得られることになるのです。

もし「真我」という言葉がしっくりこないのであれば、真我を聖なる人物や歴史上に名を残す偉人に置き換えて考えるとわかりやすいでしょう。皆さんが尊敬する人物、たとえばキリスト教系の方ならイエス様でもマリア様でもよいし、仏教系の方でしたら、お釈迦様でも空海でも、どなたでもよいのです。

多くの人は、苦しいときや助けを必要としているときに、神仏や聖なる存在に向かって、「神様仏様、どうかお助けください」と祈ったりしますが、やはり応援を得るためには、神仏に喜ばれるような生活や行いをしていることが必要なのです。

なぜなら、自分が人を恨んだり悩んだりしていて、日頃まともな生活をしていないときには、いくら祈ったとしても、神仏がこんな自分を応援してくれるはずがない、と自分自身でわかっているからなのです。

だからといって、聖人のような生活をすることを欲求しているわけではないのです。普段から、いま自分のできることを一生懸命おこない、人の役に立たせていただきたいとの気持ちをもって生活しているときには、神仏の応援を信じることができるのです。

では、具体的にどのようにすれば神仏の応援が得られるのかといいますと、お返しを多くすることです。特別なことはできなくても、少しでも職場や家庭、そしてまわりの人々にお返しをしようと一生懸命努力しているときには、神仏も応援したくなるはずです。

これは人間も同じことで、私たちも一生懸命そのような気持ちで生きている人を見たときには、応援したくなるのではないでしょうか。

ところが、それとは逆に、不満をもちながら仕事をしたり、「なんで自分がこんなことをしなきゃいけないのか」と嫌々ながら仕事をしている人を見たら、だれでも、「ああ、やはりこの人に頼むのはやめておこう。そんなに不満があるのなら、別に無理してもらわなくてもいい」ということになるのではないでしょうか。

このように、「お返し」というものは、感謝の深さを知る一つのバロメーターになってきます。

この感謝を引き出す次の方法としては、「感謝の気持ちを日常生活の中でできるだけ多く表現していく」ということがあげられます。

そして、感謝の気持ちを日常生活の中でできるだけ多く表現していくことも、お返しの一つになるのです。これなら、だれでもすぐにできることではないでしょうか。

## 感謝は表現しなければ伝わらない

このような話を聞くと、「私はいつも感謝をしています。でも、ちっとも楽しくないし、幸せでもない」という人がときどきいます。

そのような方は、「感謝をしなければいけない」と頭で思っているだけなのです。だれにでも、「ありがたいな」と思う瞬間があるはずです。でも、ほとんどの場合、それを表現しないことが多いようです。特に日本人は、心で思っていても言葉にするのを恥ずかしがったり、上手くいえなかったりして、感謝の気持ちを表現していない人が多いようです。

感謝の気持ちは、最初は義務的でも何でもいいですから、相手に表現して伝えていくことが大切です。たとえば、「ありがとうございます」とか「感謝しています」とかいう言葉を、口に出して伝えるとよいでしょう。そうすると、それに対する相手の反応というものが返ってきます。

## 感謝を積極的に表現するとよい循環が始まる

このように感謝を積極的に表現することで、よい循環が始まります。多くの人は感謝されると、心地よく感じます。「ありがとう」といわれて怒る人はまずいないでしょう。むしろ、その人にもっとよくしてあげよう、と思うのが人情ではないかと思います。

それがお礼の言葉もなく黙っていれば、「この人は別に私の助けはいらないんだな」と思うかもしれませんし、「別にもうかかわらなくてもいいや」というような気分になっていくこともあるでしょう。

要は、自分が感謝を感じたら、その気持ちを具体的に表現することです。表現して行動で表していくのです。すると、その気持ちが相手に伝わり、逆に相手からも喜ばれるものなのです。すると、その喜びの気持ちが自分に返ってきて、自分自身が幸せな気持ちになり、感謝の気持ちによる循環というものが始まるのです。

## 花やペット、コップの水にも感謝しよう

ですからぜひ、皆さんも感謝を表現してみてください。それも、今すぐできることから始めてみることです。感謝はどのようなものに対して表現してもかまいません。たとえば、一人で家にいるときには、花でもペットでも、コップの水でもよいのです。

花を見るたびに、「きれいな花さん、私をなごませてくれてありがとう」と花に伝えればいいし、犬や猫がいたら、「いつも私を癒してくれてありがとう」といえば、犬や猫にもその感謝の気持ちはすぐに伝わります。動物は敏感ですから、「うるさいから、あっちに行け」なんていったら、すぐにおびえて萎縮するし、「かわいいわね、いつもありがとう」といったときにはすごく喜びます。

また、水を飲むときにも、「飲める水があってありがたい」と感謝し、コップに対しても、「コップがあるから水が飲めるんだな。ありがたいな」と思えばよいでしょう。このように、どのようなことにでも感謝は表現できるのです。

もちろん、人間に対してなら親でも、子供でも、友達でも、また会社の関係者のどんな人に対してでも表現できます。まずは、できるところから感謝の気持ちを表現することを練習されることをおすすめします。そうすることで、感謝を表現することが習慣化します。この「習慣化すること」がとても大事なのです。

## 自分の体や臓器にも感謝しよう

自分の体に対してもそうです。私は歩いているときにはよく、「足さん、足さん、スムーズに歩ける足であってありがとう」と思いながら歩いています。

何年か前になりますが、私がニューメキシコに行ったときのことです。気温が三十三度ぐらいの暑い中を、頂上までかなりの急勾配でしたが、山登りをしました。

私はふだんあまり運動をしていないので、そんなきつい山登りは無理かなと思ったのですが、でもせっかく来たのだから登ろうと思い直し、「きっと感謝しながら登れば絶対に大丈夫だ」と思って、足に対して一歩踏みだすごとに感謝しながら登りました。

すると、不思議なことに、全然疲れず、息も切れずに、頂上までスタスタと登って行けたのです。山頂の眺めが素晴らしくて、とても爽快感を感じました。

これが、「暑いのに山登りはつらいな。あと何メートルだ。なんでこんなことを私がしなきゃいけないんだ」などと思いながら登ると、どんどん疲れが増してきます。否定的なことを思えば思うほど免疫力が下がるし、エネルギーが出てこないのです。どんなにつらくても、「今は私の体を鍛えてくれているんだ」と思うと、つらくないのです。


たとえば、スポーツジムでランニングマシーンで早歩きをするときも、いつも私は瞑想しながら早歩きをします。ランニングのときにも、「ああ、これで筋肉が丈夫になって、すごい健康美に輝くんだ。ありがたい」と思って走っていると、だんだん気持ちよくなってきて、すぐに時間がたってしまいます。

それを、「あと何分だ。ああつらい。どうしよう、心臓がもつかな」などと思いながら走っていたら、疲れる一方です。私は感謝がなかなかできなかったので、そのようにして練習していきました。

また私は、自分の臓器に対しても感謝を表現しています。外食なんかが続いたりして、今日はちょっと腸の調子が悪いなと思ったら、「腸さん、腸さん、ごめんなさい」とまずお詫びして、「そんななかでも働いてくださって本当にありがとう、ありがとう」というと、すぐに痛みが取れて体調が整っていきます。

私たちの細胞は、細胞に声をかけてみると私たちの声を素直に聞いてくださり、すぐに対応してくれるものです。とにかく、感謝の気持ちを感じたら機会を見つけて、どんな対象にでも表現していく練習をされたらよいと思います。

## 料理は作る人の気持ちが大事

このようにして、朝から晩まで、自分の毎瞬の行動を見ていくと、感謝することは山ほどあります。ところが、私たちは普段、そういうことを忘れていて、何か足りないところの方に焦点を合わせてしまい、不満を感じたり、ぼんやりとマイナス的なことを考えている場合が多いようです。たとえば、雨が降っていると、うっとうしいとか、今日は憂鬱だなとか、そう思いながら何となく過ごしていることが多いのです。

食事のときでも、「まずいな」とか「たいしたことないな」とか思いながら、黙々と食べている人も多いようですが、そうした場合と、「食べられる物があって幸せだな。これはおいしいな」とか、野菜に対しても「トマトさん、ありがとう。キュウリさん、ありがとう」などといいながら食べるのとでは、心の中の幸せ度が全然違ってしまいます。

私はお料理をしていて、トマトやニンジンを刻むときには、「トマトさん、ありがとう、ありがとう。ニンジンさん、ありがとう」と思いながら刻んでいます。そうすることで、感謝のエネルギーがその野菜に入っていきます。

特に主婦の場合は、料理するときの気持ちというのがとても大事です。その理由は、そのときのお料理した人の気持ちが料理に入ってしまうからです。もし、不満をもってカッカッしながら作ったお料理をご主人が食べさせられたら、そのご主人はなんとなくイライラしてしまうということです。

料理人の気持ちがお料理に入った実話があります。インドでガンジー首相が平和運動をしていて、牢屋に入れられたことがあります。牢屋に入っているときに、ある食事をしたあと、ガンジーに殺意が湧いてきたそうです。どうしたのだろうと思って調べたところ、そのときの料理を作った人が殺人犯で、死刑直前の人だったとのことです。そのお料理に殺人犯が日頃からもっていた殺意のエネルギーが入ってしまったために、それを食べたガンジー首相が、そのエネルギーを受けてしまったということなのです。私たちは、人の発するマイナスのエネルギーの影響を知らないうちに受けてしまうので、怖いのです。

## 一流のシェフは心も一流

料理についてさらに申しますと、一流のシェフというのは、どうしたらお客さんが喜ぶのか、どうしたらおいしくなるのか、ということを毎回、考えながら料理を作っていると思います。その結果として、お客さんを満足させることができるのです。そして、お客さんの方もその味を忘れられず、また行くことになるのです。

一流になる人というのは、仕事をするときにその仕事に心を込めて働いています。つまり、相手に喜んでいただきたいとの気持ちが根底にあるのです。その気持ちがなく、他のことを考えながら仕事をしている人は、一流にはなれないでしょう。

ある健康番組で、ホテル・オークラの総料理長がアジを焼くときの焼き方を紹介していました。司会者が、「へーっ、毎日、何百人というお客さんがいて、一匹一匹、こんなにていねいに焼くんですか」と驚いていました。

すると、総料理長は、「それはそうですよ。大事なお客さんのために、自分の弟子全員に細心の注意を払って、一匹一匹、心を込めて焼けといっています」とおっしゃっていましたが、それがやはり一流のシェフというものです。

心が不在ということは、何をしてもうまくはいかないし、一流にはなれないと思います。それは、どのような仕事に対しても同じではないでしょうか。

## ニートの青年

先日、テレビでニートを取り上げたドキュメンタリー番組がありました。ニートはいま日本中に何十万人といるそうですが、その人たちがどうやったら立ち直れるかということをテーマにしたものでした。日本には、三カ月間泊り込みでそれに取り組むという塾が十五カ所ぐらいあるそうです。その番組の中で、ドキュメンタリーですから、ポイントになる人をテレビカメラが追っていました。

三十歳近い、あるニートの男性を取り上げていました。彼は長い間、家から出たこともなく、どこにも行かずに、たぶんほとんど口もきかないで何年間も引きこもり状態で過ごしてきたということでした。親に対してすごい反発心があり、以前はどこへ働きに行っても、行く先々でクビになって、仕事をしたくてもできなかったそうです。しかし、なんとか今の状態から抜け出したくて、その塾に参加しました。

そこの授業料はけっこう高くて、三カ月で百二十万円ということでした。食事なども付いていますが、ニートの人々の面倒を見るほうも、ずいぶん大変なことだろうと思います。そこでの生活はなかなか厳しくて、掃除や洗濯などの身の回りのことは自分ですることになっており、そのほか体も動かしたりして、さらに職業訓練のようなこともおこなっていました。

そこには当然、指導カリキュラムがあるのでしょうが、そこの参加者がいわれたことを実際にきちんとしたときは、職員の方から「よくやったね、ありがとう」と声をかけて、励ましていました。そこで生活しているうちに、そのニートの男性の顔つきがどんどん変化していきました。

## 「ありがとう」と感謝されてやる気が湧く

最初、その青年は食事当番などを嫌々やっていたのですが、当番以外のときにも積極的にいろいろなことを手伝うようになったのです。インタビューで、「あなたはどうしてそんなにやる気になったのですか」と聞いたところ、「一生懸命仕事をすると人から感謝されるということをはじめて知った」というのです。

自分が一生懸命仕事をして、「ありがとう」といわれたことがうれしくて、やらないではいられなくなった、ということでした。

そういうものなのです。たぶん、その青年の親御さんは、長い間、彼のよいところをほめたりすることをされてこなかったのだと思います。その結果、自分は何をしてもだめな人間だと思い込み、やる気がますます起こらなかったのではないかと思います。

ところが、その塾では、一生懸命働くと、「よくやれたね、ありがとう」という言葉が返ってきて、それがうれしくて、だんだんやる気が出て、そうしているうちに、どうせやるのなら給料をもらって仕事をしたい、という気持ちに、三カ月でなったのです。

その塾には、そういう訓練所を作りたい人や、自分も将来、そういう塾の先生になりたいという人たちが、見学にきていたのですが、そのニートの青年は、これからそうした塾を立ち上げるという女性からスカウトされました。一生懸命、陰日向なく働いているその姿勢を見て、ぜひ自分のところの職員にしたいというわけです。

また、彼はそのことをすなおに喜んで、「はじめて自分は必要とされた。一生懸命やりたい」といって、本当にめでたく三カ月目に就職が決まりました。その期の参加者のうち、その中で熱心に仕事をしていた三人がスカウトされていったという、とてもよいドキュメンタリーでした。

このように、感謝というのは表現することで、ニートの心までやる気にさせる力があるのです。多くの人は、「こんな些細なことでいちいち感謝するなんて」と思うかもしれませんが、どんなちょっとのことでも、「ありがとう」という言葉を表現する習慣を身につけていくと、人間関係がとてもよくなって、自分自身にも感謝を表現した相手からの喜びの気持ちが返ってきて、心が幸せで満たされていくことでしょう。

## ③感謝の呼吸法

### 会社の上司などに対して効果的

会社などではいろんな人間関係がありますが、だれと一緒に仕事をするかということは、普通は上の立場の人たちが決めるものです。しかし、なかなか上司の目に止まらない人とか、よいポストに抜擢されない人というのも、たしかにいます。そうした場合、感謝の気持ちがないと、上司の目には止まりにくいということです。

だれでも自分に不満をもっている人とは仕事はしたくないものです。日頃から感謝がなく、不満をもって仕事をしていると、その気持ちが表情にも表れるし、言葉の端々にも出てきます。逆に、何をしていても「ありがたいな」と感謝しているような人は、それが顔にも出てくるし、表情が豊かになります。ですから、感謝があって前向きな人は抜擢されることが多く、そのような人に仕事を任せると、会社は経営的にもよい状態になっていくのではないでしょうか。

やりがいのある仕事を任せてほしいと思う方には、感謝の呼吸法をおすすめします。たとえば職場であれば、職場の上司とか社長とか同僚とかに対して、おこなっていくとよいでしょう。家族関係ならば、親や子供、また夫婦間の場合は夫や妻に対しておこなうとよいでしょう。

具体的なやり方は付録Ⅰ（194頁から）に解説してありますので、参考にしてください。

## ④両親を赤の他人と思う
### 特に両親に抵抗がある人に

次は四番目です。たとえば、両親に抵抗がある人なら、両親にいろいろなことをしてもらったことを内観法で調べていくことは、前にお話ししたとおりです。両親に抵抗や反感などがない人は、内観をすることで感謝の気持ちがすぐに出てきます。しかし、子供の頃に虐待を受けていたり、両親のことで相当悩んだことのある人の場合は、感謝の気持ちがなかなか出てこないものです。

その場合には、両親を赤の他人と思うのです。親だと思うから、親だから当然こうするべきだ、ああするべきだ、と思うわけです。赤の他人だと思って、両親から実際にしてもらったこと、たとえば、ご飯を作ってもらったとか、おしめを取り替えてもらったとか、ミルクを飲ませてもらったとか、家に無料で住まわせてもらったなど、よく調べていくといくらでもあります。それを金銭面に換算してみるのです。

## 金銭面に換算すると莫大な金額になる

もし赤の他人だったら、おしめを替えてもらったり、ミルクを飲ませてもらったりした場合、今のお金で日当を一万円から二万円くらい出さないと、だれもやってくれません。

もし夜泣きでもして夜中に起こしたり、夜中もいろいろぐずったりしたのであれば夜勤手当も出す必要があります。そうするとさらに二万円くらいかかります。私たちの五歳くらいまでというのは、なにかと手がかかって、けっこう大変なのです。その後も、学費を出してもらったりと、いろいろあるのではないでしょうか。

父親の場合、あまり接点がなかった人は、なかなか世話になったことが見えないものです。そのために、父親に世話になったことが思い出せないという人が多いのですが、金銭面を見ていくと、父親の場合は相当貢献していると思います。家賃や学費、洋服代など、いろいろなものを買う場合に、金銭面で父親に援助されていることが多いものです。

前にも申しましたが、私の場合は大学まで出してもらったので、それらを全部計算していくと、合計で二億円以上でした。その途方もない金額を知ったときは、大変な驚きで、それが全部愛情に変わったのです。内観をしてもなかなか感謝の気持ちが出ない方の場合は、お世話になったことを金銭面に換算することで感謝の気持ちが引き出されることもあるので、一度、換算してみてはいかがでしょうか。

## ⑤真我にお願いする

### 実感できなくても真我はある

次に五番目です。それは真我（ハイヤーセルフ）にお願いすることです。

だれにでも真我はあるのですが、今まで真我の存在も知らなかったので、実感できなかっただけだと思います。しかし、真我を実感できないからといって、何のアクションも起こさなければ、いつまでたっても実感できないままになってしまいます。

世界中の聖者といわれる方々や、偉大な発明家や成功者といわれる人たちは、真我の叡智からインスピレーションを受けて成功し、真我からのメッセージを人々に発信しているのです。私たちの内側には真我が存在していることを知ることは大切なことだと思います。

### 真我の応援が加速する

感謝を深めていくためには、真我にお願いすることも大切です。自分が願わなければ、真我も応援しようがないのです。ですから自分の胸の中央、そのあたりに心があるといわれていますが、その胸の中央あたりに向かって自分の真我に、「真我さん、真我さん、どうか私の心が感謝で満たされるように応援してください。そして、私が真我さんにつながれるようにお導きください」とお願いするのです。そうすることで、真我からの応援が加速していきます。

以上のことをまとめますと、感謝力というのは心の浄化に比例する、ということです。お話ししてきた感謝を引き出すための五つの方法というのは、どれも心の浄化に関係しています。内観もそうです。感謝の気持ちを日常でお返ししていくというのも、これをすることで浄化されていくのです。感謝の呼吸法もそうですし、金銭面の計算、真我への祈りなど、どれも心が洗われていく作業です。

このように、感謝を引き出すための五つの方法を実際に実践していくことで感謝が深まり、真我とつながって、自分がやるべきことが見えてきます。

すると迷いもなくなり、それをただ淡々と実践することで、幸せ感がどんどん広がっていくという世界を体験できるでしょう。

# 付録Ⅰ

## 【感謝の呼吸法のやり方】

## 丹田の位置の確認

これから感謝の呼吸法の実際のやり方をお話しします。

①まずはじめに、丹田の位置を確認したいと思いますので、左手の指をそろえて横に向け、親指をおへそにあててください。

②そして左手の小指の下の位置に右手をあててください。縦に両手が並びます。

③左手をとって右手の上に重ねてください。

いま両手をあてたところが、だいたい丹田のある位置だと思ってください。かなり低い位置で、膀胱のあたりになります。その場所が、毎回息を吐くたびに動くことを確認していただければと思います。

## 丹田呼吸法の仕方

次は呼吸のときの姿勢です。

①背筋をスッと伸ばし、肩、みぞおちの力を抜きます。そのためには、椅子にあまり深く

腰かけず、少しだけ前方に腰をおろします。そして両足が平に床に着くようにして、膝と膝の間は少しあけてください。

②両手は下腹部の丹田に軽くあてています。

③背骨がスッと伸びて、肩、みぞおちの力を抜くことは、瞑想の姿勢と同じです。あごは上がらないようにし、心もち引くような感じです。

④眼は軽く閉じます。呼吸は吸うのも吐くのも鼻を使います。鼻で呼吸をするのが原則です。

⑤上体を十五度位前方に倒します。次に鼻から息を一気に吐きます。その後に、ヒップを一瞬締めます。ヒップを締めるのがわからない方は、肛門を締めると考えてください。

⑥そして次に、一気に緩めます。そのとき肩とみぞおちの力も抜いてください。ヒップを緩めると自然に息は必要量入ってきます。

⑦あとはスッと背筋を伸ばし、もとの姿勢に戻します。戻したときは息は吸ったまましばらくそのままを保ちます。

この動作を一呼吸の中でおこない、そしてまた次の呼吸に移るのです。各人の呼吸のペ

## ◆丹田呼吸法のやり方◆

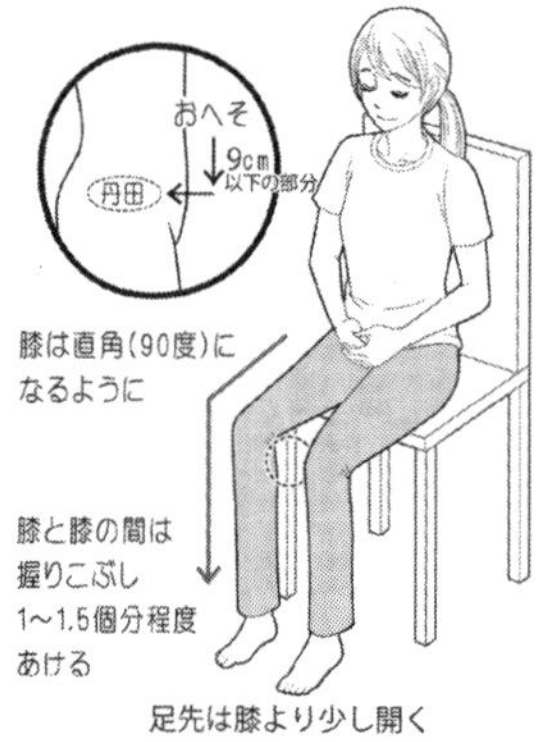


# 1

椅子にやや浅く腰かけ、足は腰幅位に軽く開き、背筋を伸ばし、肩とみぞおちの力を抜き、あごを軽く引き目を閉じます。両手を丹田に当て（おへそから10センチほど下）、鼻と口を使って3回息を吐きます。

息を吐き出す時に、心の中のわだかまりや引っ掛かりを吐き出すイメージです。

# 2

両手を丹田にあて、上体を15度位前方へ倒し息を鼻から強く吐きます。

# 3

次に、両ひざを合わせます。続いてお尻(肛門)を締めます。

# 4

両膝とお尻を緩め、脱力します。脱力することで、同時に自然に鼻から息が入ってきます。この時に首をがっくりと下に落とさないよう気をつけてください。上半身は常にリラックスした状態を保ち、縮めたり緩めたりするのは下半身だけです。

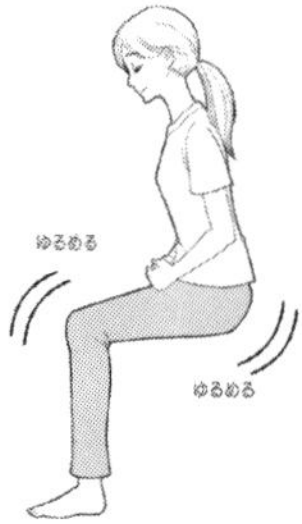


# 5

上体をさーっと起こします。この時に、まだ息が入ってくるようであれば入るにまかせましょう。

# 6

体が元の真っ直ぐの状態になった所で、息は入ったまま少し止めます。この時に肩やみぞおちの力が抜けているかどうかを確認します。そして息を吐きたくなったら次の呼吸に移ります。

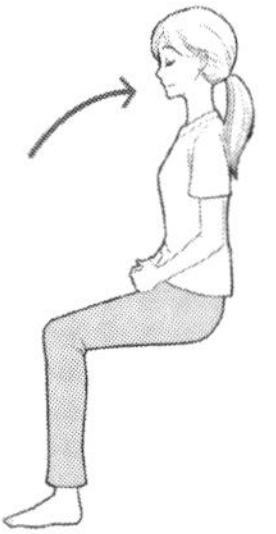

ースに合わせてこの動作をおこなっていきますので、当然、息が浅い方はこのテンポが速くなります。

逆に深い方はゆっくりの動作になります。人それぞれ呼吸の深さが違うので、人とは比べないで、自分のペースでおこなってください。

## 太陽をイメージする瞑想法

今度は呼吸法を瞑想と併せておこないますが、まずは太陽のビジョンをイメージすることから始めましょう。

①背筋を伸ばして、肩、みぞおちの力を抜いて、手を上向きにして軽く股《もも》の上にのせてください。そして眼を軽く閉じます。この間は呼吸法のことは忘れ、普通の呼吸をしましょう。

②まず大きく息を三回吐きます。このときは鼻と口の両方を使って息を吐き、吐く息とともに、「全身の緊張がとれていく」と思って、息を吐いていきます。

③次に朝日を心の中でイメージして、その光を全身に取り入れていきます。

④自分の眼の前に、広い大海原が広がっているところを想像してみてください。
正面からゆっくりと朝日が昇っていきます。水面は朝日を浴びてキラキラと輝いています。大海原の前に広がる白い砂浜。その砂浜の上で、ゆったりとした気分で坐っているご自分を想像してください。

愛と癒しに満ちたその光り輝く朝日の金色の光が、皆様方の全身を照らしていきます。
⑤まずは額から両眼、両頬、そして顔全体が朝日に照らされているご自分を想像してください。いま私たちの顔全体が朝日に照らされ、顔の細胞の一つひとつが朝日の愛と癒しのエネルギーで満たされております。
⑥さらに頭全体、脳の奥の奥まで朝日の愛と癒しのエネルギーが広がっていきます。
⑦さらに、首、両肩から両腕、手の指先まで……。両腕の細胞の一つひとつの中に、愛と癒しの光が広がっていくと想像していきます。
⑧さらに胸、みぞおち、お腹全体に、朝日の光がさんさんと降り注いでいる、そのイメージをもちつづけてみましょう。
⑨さらに両肩から、背中、腰、ヒップ全体。背中の細胞の一つひとつの中に、朝日の愛と

癒しのエネルギーが広がっていくところを想像してください。
⑩さらに、太股《ふともも》、両膝、ふくらはぎ、足の裏全体。両足の細胞の一つひとつの中に朝日の愛の光が広がっていく、そのイメージをしばらくもちつづけてみましょう。
それではしばらくご自分で、頭の上から足の先まで、朝日に照らされているご自分をイメージしつづけてください。朝日の愛の光に満ち満ちている自分をイメージしてみましょう。

## 感謝の呼吸法の実践

これより感謝の呼吸法の実践に入ります。
①まず、自分の正面に椅子が一つあるとイメージします。その椅子には感謝したい相手が自分と向かい合って坐っているとイメージしてください。
②まずは自分が朝日に照らされているところをイメージします。次に朝日の愛の光に満ちている相手を想像してみましょう。
③それでは、両手をもう一度、丹田のところにあててください。そしてもう一度、先ほど

と同じように呼吸をします。背筋をスッと伸ばしてください。肩、みぞおちの力は抜いてください。上体を十五度前方に倒します。一気に鼻から息を吐きます。そのあと一瞬ヒップを締めます。

④次に、ヒップを緩めると同時に息は入るに任せて上体をスーッと起こします。そして背すじが伸びた状態で息は入ったまま目の前の相手の方に「ありがとうございます」と心の中で伝えます。

⑤そしてまた息を吐きたくなりましたら次の呼吸に移ります。それをしばらく繰り返してみましょう。

⑥息を吐くときは上体を十五度位前方に倒し、鼻から一気に息を吐きます。次に一瞬ヒップを締めます。そして、ヒップを緩めると同時に、体内に残っている息は出ていき、必要量の息が自然に入ってきます。

# 付録Ⅱ

# 【感謝力の素晴らしさを体験した人たち】

## 自分のアトピーも治り、両親も変化

K・Hさん（二十代　女性）

私の家は両親共稼ぎで、小学生のときから家事などをいろいろと手伝ってきたのですが、両親から「おまえは何もしない子だ」とか「何をやらせても全然ダメだ」といわれ続けてきました。

そのストレスがたまって、アトピーや帯状疱疹がひどくなり、さらに心臓の発作も回数が増えてきて、仕事にも影響が出るようになりました。それで、真我実現セミナーに参加させていただきました。

最初は内観から始め、それをまず母に対しておこなったのですが、母から今までたくさんのことをしてもらったのに、何もお返ししていない自分に気づきました。でも、そのとき父に対しては抵抗があって、十分にはできませんでした。

それで、家にいるときに父を観察することにしました。すると、朝早く駅まで私を車で送ってくれたり、パソコンを教えてくれたりと、本当にいろいろと自分のためにやってくれていることに気づき、父から愛されていることがだんだんとわかってきました。

次にセミナーの第二ステップで止観をしてみると、自分が両親からどれだけ愛されているかが実感できて、すごく心が軽くなり、感謝の気持ちが自然に湧いてきました。

それで、たくさんお返しをしようと思い、まず父と母に対して、身近なことから一つずつお返しをしていくことにしました。

たとえば家事ですが、以前は、なんで自分がやらなきゃいけないんだろうと思って、イヤイヤやっていたのですが、家事をすることでお返しができると思うと、「本当にありがたい」と思えるようになりました。そして、お返しする材料がこんなにいっぱいあったんだな、ということに気がつき、イヤイヤやることがだいぶ少なくなってきました。

そのことにいちばん最初に気づいてくれたのが父で、母に「本当にあの子は心を入れ替えたみたいだから」といってくれました。

そのことが本当にうれしくて……。また、そこで感謝も出て、愛してくれているのがよくわかりました。それがわかったあとは、もっといっぱい両親にお返しをしようと決意をあらたにしました。

そうしたあと、私が家に帰ってみると、今度は父が夕飯を作ってくれたり、洗濯物を分けてくれたりするようにもなりました。

変化はたくさんあったのですが、いちばんびっくりしたのがそれです。さらに、父が母に対して何かをしてあげることも多くなって、だんだん父と母の仲もよくなってきました。ところがある日、父が母のためにしたことが母に伝わらなくて、母が怒って夫婦喧嘩になったことがあったのです。

その日は朝から父に対する愚痴を母から聞かされて嫌だなと思い、母に父ときちんと話し合うようにいい残して、通勤電車に乗りました。

しばらくすると、母から「朝から愚痴ってごめんなさい」とメールがあり、父と話して謝ってみるからというのです。母は父に対してまったく謝るということをしない人だったので、本当に驚きました。

まさか自分がいったことに対して、母が反応してくれているとは思っていなかったので、すごくありがたかったです。自分だけの変化かと思っていたら、親も変化に反応してくれるのにびっくりで、ありがたくて、これからもずっと続けていこうと思うようになりました。

それで、今度は両親以外の人にも目を向けられるようになりました。すると、他の人が自分にどれだけのことをしてくれているのかも見えるようになってきました。以前ならば、「これだけしてあげたのに何もしてくれない」とか、「あの人にこんな迷惑をかけられた」とか、そういうことしか考えていなかったのが、接する相手に対して、こういうことをしてくれたのに、自分はこんなことをしてしまって、どういうお返しができたのだろう、と思うようになりました。

それを一つずつ考えていくときに、まわりの人がどれほど自分を愛してくれて、自分のことを考えてくれているのかがよくわかって、本当に今はすごく幸せです。

〔**補足**〕Ｋ・Ｈさんは小さい頃から重度のアトピーで、かゆみが出ると眠れないので、ずっとステロイド剤を服用していました。ステロイド剤も長く服用すると、腎臓とかに負担をかけることはわかっているのですが、服用しないとかゆみが止まらないので仕方なくずっと使っていたということです。それが感謝の呼吸法を始めると、アトピーが治って、十数年使っていたステロイド剤をまったく使わなくても過ごせるような体になったそうです。

## 訪問介護会社のパートからいきなりセンター長に抜擢

W・Aさん（四十代　男性）

私は転勤族を長いことやっていましたが、子どもの学校のことなどを考えて、会社を辞めて地元に帰り、再就職をしました。でも、うまくいかず、その後、職を転々としました。結局は人に使われているから不満が出るのだと思い、自分で商売を始めましたが、それにも失敗して、にっちもさっちもいかなくなりました。収入は激減し、仕事もないので、毎日家でボンヤリと過ごしていたのですが、そのとき脳裏をよぎるのはもう死ぬことばかりでした。

そんなとき、ある友達のところに遊びに行ったときに内観の話が出て、原先生の主催する「真我実現セミナー」というものがあるのを知りました。その頃は、死ぬか、生きるかの瀬戸際だったので、すがれるものには何でもすがってみようと思い、お金のことなどは考えずに、とりあえず申し込みをしました。

女房が、「費用のことは何とかするから自分がそれで最後だと思うのだったら、最悪の状態だけは嫌だから頑張ってきたら」と応援してくれて、それでやっとセミナーに参加することができました。

セミナーを受けていくごとに、「このセミナーは本物だ。絶対自分は助かる。幸せになるんだ」という自信がだんだんできてきました。

一回目のセミナーを受講して第四ステップの終わりのときですが、原先生から「人のためになる仕事、真我の喜ぶ仕事をしたらいいですよ」とアドバイスを受けました。

私は訪問介護の資格をもっていたので、訪問介護会社でパートとして働くことになりました。そして二カ月くらいたった頃に、所属するセンター長から突然「別のセンターのセンター長になってくれないか」といわれました。

私はパートで、まだ正社員にもなっていないのに何で？　と呆気にとられて、もう笑ってしまうような話ですが、それが現実になってしまったのです。

私としては当然、収入の面もありますし、正社員でそういう役職をもらえるのだったらということで、引き受けさせてもらいました。本当に信じがたいようなご褒美でした。

一回目のセミナーの受講が全部終わり、私は幸せになりたい一心で、引き続き二回目を受講することにしました。一回目では、このような奇跡的なご褒美をいただいたほかに、自分の今までの心の汚れに気づくことができました。

私は父とうまくいかなくて、中学生の頃からもう三十年以上もずっといがみ合っている状態でした。自分がどん底に落ちたのも、全部、父のせいだというふうに思っていました。

セミナーを受けて、父と自分の関係を見ていく中で、私は本当に父に対してひどいことをしてきたな、自分が親の立場だったら、どんなにつらかっただろうな、ということに気づきました。それでも父はずっと私のことを愛して、心配してくれていることがすごくわかり、今までなんと申し訳ないことをしてきたのだろうと思ったのです。

一回目の受講のときは、そのことにやっと気づくことができたのですが、父と面と向かって今までの自分をお詫びすることができませんでした。それで、二回目の受講をしたときに、思い切って父のところに行って、今までの自分の行いをお詫びしました。すると、父は本当に喜んでくれて、「これでやっと安心することができた」といってくれました。

今ここでこうしていられるのも両親のおかげでもあるし、背中を押してくれた妻のおかげでもあるのです。今までの自分の行いを考えれば、家族や周囲から感謝してもしきれないほどのことをしてもらっていることに、やっと気づくことができました。

奇跡のような体験ばかりではなく、「人は心から本当に幸せになれるんだ」という、この真我実現セミナーに出会うことができて、私はいま本当に幸せだと思っています。

## 庭付き一戸建てが手に入り、母親が新興宗教から離脱

T・Eさん（四十代　男性）

今から六、七年前のことですが、銀行から多額の借金をして、鍼灸治療院を開きました。なんとか返済できるだろうと思っていたのですが、だんだん赤字がたまってきて、二、三年後には火の車状態になりました。そのイライラが家族に伝わり、妻とは口喧嘩ばかりといった毎日でした。

そんなとき、図書館で原先生の『ヒーリング呼吸法』（春秋社）が目に留まり、瞑想呼吸法のことが書いてあったので、借りて読みました。

その後、本だけを頼りに太陽呼吸法などを淡々と二年ほど実践したところ、だいぶ心も落ち着いてきたし、鍼灸治療院の経営状態も上向いてきて、借金もなんとか返済できる見通しが立ちました。

それで、原先生に会って、一度、きちんと呼吸法を学ばなければと思い、月一回の呼吸法のセミナーに参加させてもらいました。

さらに続いて、「真我実現セミナー」にも参加しました。ところが最初の内観法では、母のことが何も思い出せないのです。通りいっぺんのことしか書き出せなくて、当然、感謝も湧かず、とても苦しみました。

一カ月後のセミナーでは止観があり、そのときに母のことをシートに書き出していたら、頭痛がして、気分も悪く、肩が重いという、ひどい状態になりました。

それで、止観を中断して、ホテルに帰って休もうと思い、帰る前にシートを原先生に見ていただきました。

すると、「自分の中の引っかかっている思いすべてを吐き出すような手紙をお母さん宛に書いてみなさい。でも、その手紙を実際に投函しないように」とアドバイスされました。

ホテルに帰っても体調は回復せず、身の置き所がない状態でしたが、ふっと原先生の言葉を思い出し、母への手紙を書き始めました。その瞬間、なにかスイッチが入ったようで、一気に自分の中にあった不満を手紙に書きつづっている自分がいました。

そのうち、なにか知らないけれど自分の奥底からグーッと湧き上がるものがあって、そのときから涙が止まらず、自分の意思とは関係ないところで涙が出てくる状態になりました。

書きながら、「これは、いったい何だろう」と思っていたら、心の中の引っかかりが全部解放された後にあったのが、母に対する感謝の思いだったのです。

その感謝が出てきたということで、内観、止観とやってきたことの意味が、そのときにはじめてわかったのです。

それを感じた瞬間に、今まで自分を苦しめていた吐き気や頭痛、肩の重みなどが嘘のようになくなっていて、次の日もセミナーに出席することができました。それで、両親への止観を一生懸命やったのですが、その結果、周囲の人との人間関係がとてもよくなりました。

私は呼吸法だけでなく、内観や止観もマスターしたいと思い、安心してそれらに打ち込める環境がほしいと、そのとき真我に強く願ったのです。

当時は、3DKのアパートに妻と子供と三人で住んでいたのですが、セミナーの第三ステップが終わる頃に、病床に伏していた妻の父が亡くなりました。

亡くなる間際に、義父は私たち夫婦を呼んで、実の息子が二人いるにもかかわらず、自分の家と財産をすべておまえたちに託す、といわれたのです。

でも、それは受けられないと思い、妻の兄弟に相談したら、二人とも親の遺産は継ぐ気はない、との返事で、結局、私たちが継ぐことになりました。

こうして東京に八十坪の庭付きの一戸建てをいただきました。それをいただいてアパート暮らしがなくなり、そこに移った途端に治療院が一つできて、その治療院で自分が呼吸法や瞑想ができる環境が完全に整ってしまったのです。ですから、もうやるしかないのです。

そして、つい最近のことですが、私がいちばんうれしくて、本当に自分の願っていたことはこれだったのだな、と思えるような出来事が起こったのです。それは母のことです。

母は私が小さい頃からずっと、ある新興宗教に入っていました。それで私も、右も左もわからないうちから信仰させられていましたが、だんだん自我が出てくるにつれて、これはおかしいぞ、そんなものなくたってやっていける、という反発が出てきました。

その後、私はその新興宗教がけっして人を幸せにしないことを知ったのですが、母はそれを五十年以上も信仰してきているわけですから、心の支えとしては仕方ないな、とあきらめていました。

ところが、この前、母から電話があって、その新興宗教を辞めたんだ、というのです。もう、びっくりしてしまって、「本当に辞めたの。なんで辞めたの」と聞くと、「なにかわからないけど重たくなっちゃって」との返事でした。あれだけ熱心だったのに、なぜかそんなふうに、あっさりと辞めてしまったのです。

母が今までの宗教のしがらみから抜けてくれて、幸せになってくれたら、私にとって、これほどの喜びはありません。それが、私が今までやってきたなかでの、いちばんの喜びでした。

このように私は、今までの四十何年間で、信じられないような幸せな人生をいま送らせていただいています。

# 付録Ⅲ

## 【本物の師は心の準備ができたときに現れる】

## ヨーガとの出会い

私の人生を振り返ってみますと、すでにお話ししましたように、子供の頃から虚弱体質のうえに、いくつもの持病をかかえ、まさに病気の問屋といわれるほどのひどい状態でした。

そのようなとき、二十歳頃にヨーガと出会ったのです。

それまでは、病気というのはお医者さんが治すものだと思っていましたし、私の病気の多くがどこの病院に行っても治らないような病気だったので、ものすごく虚無的になっていました。それが、ヨーガと出会って、「病気というのは自分で治せる」ということを知ったときに、希望が出たわけです。

このヨーガとの運命的な出会いについてもう少しお話ししますと、あるヨーガの本の中に、**「宇宙の根本法則は原因・結果の法則である」「体には自然治癒能力がある」**という言葉がありました。その言葉に触れたとき、私はすごく救われる感じがしたのです。

それで、いろいろなヨーガの文献を読んだり、ヨーガの実践をしていたときに、病気も治したいという気持ちはありましたが、もう一方で、私がすごくひかれたのは「真我（ハイヤーセルフ）」の存在でした。いま私が実際に多くの方に伝えさせていただいている「真我の世界」は、ヨーガを学んではじめて知ったものです。

そのときまでは、「病気でどうしようもない自分」「自信がなくてダメな自分」というものが「自分」だと思っていました。ところが、「本当の自分」つまり**「真我」はだれの中にも宿っており、それは宇宙意識と直結していて、叡智があり、その叡智が、各人の病気の治し方や、幸せになる方法を知っているということ**に、私はひじょうに感動したのです。

それで私は、いつか真我と出会いたい、真我の世界に触れていきたい、という思いが昂じて、その頃から真我の世界の探究を始めました。

でもその前に、まずはヨーガのよい先生に出会いたいと思ったわけです。ところが、ある本の中に、「本物の師は心の準備ができたときに現れる」と書いてありました。そのときは、そういうものだろうと納得したことを覚えています。

しかし、ヨーガの真髄をわかる先生に就かなければヨーガは学べないと思い、とにかくヨーガを教えているいろいろな会に顔を出しました。でも、私が長く師事したいと思うような先生には、当時、残念ながら会うことはできなかったのです。

ただ、**ヨーガナンダの著した『ヨガ行者の一生』**という本を読んで、とても感動したので、ヨーガナンダに会いたいと思ったのですが、その頃、彼はもう亡くなっていました。

ヨーガナンダの後継者のダヤ・マタという方はアメリカ人で、本部がアメリカにあったのですが、簡単には会うこともできませんでした。

でも、なんとかヨーガナンダの教えを学びたいと思い、通信教育でずっとヨーガを勉強していました。このようにして、ヨーガの瞑想を学び始めたわけです。

その『ヨガ行者の一生』には、聖者たちが何人か紹介されており、私はそのような聖者つまり「本物の師」といつか出会いたいとずっと思っていたのです。

その後、高橋信次先生と出会って、心の曇りのことを教えていただいたり、また、奈良にある吉本伊信先生の内観道場に行ったりして、それらをもとにして、いろいろと心の修行をし、瞑想を深めていきました。

その結果、真我の世界も体験でき、また瞑想中に**「止観法」**とか**「対人関係の調和法」**

のカリキュラムを真我から教えていただきました。

そうして、**心の引っかかりやトラウマを取るためには、無意識の中にある心の曇りを晴らすことが大切なことを知り**、それをまとめたのが「**真我実現カリキュラム**」です。

私自身もこのカリキュラムの実践によっていろいろなことが解決しましたし、瞑想で受けたインスピレーションを実践してから、まったく人生が変わって、引っかかった問題がするすると解けるようになりました。

でも、一つの問題が解決したからといって、もう問題が生じないかというと、けっしてそうではありません。人生というのは本当にさまざまな人間がかかわっていますので、また別の問題に出会うのです。

でも、もし出会っても、前のように葛藤は長く続きません。問題が生じても、その問題と向き合うと解決法がわかり、それを実践すると、すぐに解消してしまうのです。

ですから、以前と比べると、**生きるのがとても、楽です**。心が曇ることも少なくなっていき、本当に人生が変わりました。そして驚くくらい物事がうまくいきだして、こんなにも**真我の応援**というのはすごいものだな、と実感したわけです。

それで、その後はそのことを縁のある方々にお伝えさせていただきたいと思い、**「真我実現セミナー」**を始めたのです。

## カルキ・バガヴァンとの出会い

このようにして、今まで真我の世界を多くの方に伝えさせていただいた結果、私だけではなく、自分のまわりの方々や、**「真我実現カリキュラム」**を実際に実践された人たちは、人生に多くの奇跡的な出来事を体験しています。

今まで親を殺したいとまで思った人が親と大調和したり、憎しみ合って離婚した夫婦が、今は最高の友人関係になったりと、そういうことを目の当たりにして本当によかったなと思って、この「真我実現カリキュラム」に納得をしていました。

ただ、何十年間もこのセミナーをおこなってきた中で、すごくよい方向に変わっていく人が多い一方で、トラウマがひどくて、どうしてもトラウマからうまく抜け出せない人もいます。また、あるところまでは行くのですが、その先は行き詰ってしまう人も残念ながらおります。

そのような中で、「真我実現カリキュラム」に何か足りないものがあるのではないかと感じ始め、自分自身のためにももう一回ゆっくりと瞑想する時間を取ってみたいという思いが生じたのです。

昔のように山に三年入るというのではなく、ひと月くらい時間をとって、インドに行って、瞑想をして、もう一歩自分の内側を深いところまで見てみたいと思いました。そのときに、今回、お話しする聖者との出会いがあったのです。

これがまた不思議なのですが、私にとって、それは「準備ができた時期」だったのではないかと思う出来事に出会ったのです。

あるとき、『カルナ』という精神世界系の雑誌から、はじめて取材がありました。私が提唱している「心の浄化から真我実現へ」についての取材をしたいという依頼を受けました。それをお受けして、後に掲載誌が送られてきたのですが、その本のカラー口絵の同じページに、**カルキ・バガヴァン**と私が載っていたのです。

今まで全然、見たことがない方だったので、「この方はどんな聖者なのかしら」と思いながら本の中を見ると、私の記事の後ろにカルキ・バガヴァンの記事がありました。その記事を見たところ、なんとそれを書いた方が、以前、私の会社で主催していた「インド瞑想の旅」に参加していた方だったのです。

この記事を読んだときに、「インドにはいろいろな聖者がいるが、またすごい聖者がインドには現れたんだな」とは思いました。私は、今までの人生でいろいろな素晴らしい方々に出会わせていただいており、その時点では自分の内にある真我以外にあまり期待はしていませんでした。とはいっても、やはりインドの聖者というと、多少は気になったので、この方はどんなことを教えられているのか知りたいな、というくらいの軽い気持ちで、その方に電話してみました。

すると彼はすごく喜んでくださり、しばらくぶりだったので、ぜひ会いましょうということになり、すぐに私のところにきてくださいました。十年ぶりぐらいでお会いしたのですが、その方の雰囲気がよりよい状態に変わっており、とても心がおだやかで幸せそうでした。そのときに、その方からその聖者にお会いして人生が変わったことをお聞きして、その聖者に興味が出てきました。

さらに、瞑想するのに最適な場所がインドにあるという話になり、その当時、日本でカルキ・バガヴァンの教えを伝えていたH・Oさんのことを紹介してくださいました。H・Oさんは日本にはじめてカルキ・バガヴァンを紹介された方で、インドに多くの方をお連れしています。後日、彼とその本の記事を書いた方が一緒に私の所に来てくださいました。私は、H・Oさんとお会いしたときに、彼は無欲で純粋な人だなという印象を受けました。なにか素朴で、この人のいうことなら信用できると直感的に感じました。

それで、「カルキ・バガヴァンは何をしている方なのですか」とお聞きしたところ、「宗教でも何でもなく、ヨーガの教えやインドに太古からあった『アーユル・ヴェーダ』の教えなどの中に真実を発見し、そして、宇宙の法則と調和しながら生きる方法を人々に伝えています。

さらに、**真我と出会う方法や人々をワンネス（「すべてのものは一つである」という悟り）に導く方法**を提供しているのです」という答えでした。

そして、私がたまたま瞑想する場所を探していると伝えたところ、それならカルキ・バガヴァンのところが最適だと思いますとのことでした。一クールが二十一日間で、ちょうどよいし、個室があるかどうかを尋ねると、「原先生が来られるなら個室を用意します」といっていただけたので、「それなら行きます」と返答し、インド行きを決めたのです。

## カルキ・バガヴァンに会いにインドに行く

話はいろいろお聞きしても、やはりご本人に実際に会って本当のことを知りたいと思い、カルキ・バガヴァンに会いに出かけたわけです。

その場所というのは南インドのアンドラプラデーシュ州にあって、チェンナイから車で三時間ぐらいのところにある、ワラダイアパレムという小さな村の中にありました。私が滞在したのは、「ワンネス・ユニバーシティ」と呼ばれるところです。

辺ぴなところなのですが、いくつかのキャンパスがその町の中に点在していて、全体としてはものすごく広大な施設です。一堂に三百人ぐらいは収容できそうな大きな建物があって、屋根はテントのようになっていますが、中にはゴザが敷かれ、冷房も付いています。見た目は質素ですが、水洗も完備していて、食堂もある立派な施設です。

ゴールデンエイジ財団というのが、このようなセミナー施設とセミナーの運営を管轄しています。私はインドの人里離れたこの場所に、瞑想に興味のある人や、自分を見つめようと思う人々が世界中から集まってくることに驚きました。

そこには、ヨーロッパやアメリカ、アジアやアフリカなど世界各地から多くの人々がやってきています。バガヴァンにはお弟子さんが二百名近くいて、ほとんどの人が、英語に堪能です。

私は日本人向けのコースに参加しておりました。そのコースでは、日本人向けの通訳が付いており、お弟子さんが講義をしてくださいました。講義の時間の他に、瞑想をしたりヨーガをしたり、盛りだくさんのカリキュラムがあるのです。

そこへ行って驚いたのは、私が長年、ヨーガで学んできたことのほとんどが、その中にあったのです。もちろん呼吸法もあるし、ヨーガのポーズもあるし、瞑想もあります。

さらに、長年、私が探究してきた「心を浄化するシステム」と同じようなカリキュラムがそこにはあったのです。

要するに、そこでのカリキュラムには、自分の中のカルマを解放するための方法があり、心のわだかまりや、トラウマ、恨みなどを解放することがとても大切なことで、それを解放しないと真我のエネルギーや聖なる存在の恩寵が受けにくい、という教えだったのです。また、人間関係をととのえることが、真我や宇宙意識からのサポートを受けるためにも必要であることも強調されていました。

私は二十一日間、自分でも瞑想しながら、そこで毎日学ばせていただいていましたが、聖者のカルキ・バガヴァンとお会いできたのは、その期間中二回でした。

とくに興味深いのは、ご夫婦でこの活動をされていることです。カルキ・バガヴァンにはアンマという奥さんがいるのですが、夫婦ともに聖者なのです。奥さんのほうは車で三時間くらい離れたところで教えを説いていて、毎日三千人ぐらいの方々が集まってきます。

私はキャンパスシティという、二、三百人ぐらいの規模のセミナーができるような場所に滞在しており、そこでカルキ・バガヴァンとお会いする機会に恵まれました。お会いするといっても、バガヴァンが講演するわけでもなく、壇上でバガヴァンが静かに目を閉じて坐っている姿を目の当たりにするだけなのです。

これはダルシャンといって、私たちが肉体をもった聖者から発する愛のエネルギーを受け取らせていただくためにインドではよくおこなわれる儀式のようなものです。

そのとき、私が体験させていただいたのは、芝生ダルシャンといわれているもので、広い芝生のある場所でカルキ・バガヴァンとお会いさせていただいたのです。そのときは、そこに何百人もの人が並んで瞑想しながら、バガヴァンが姿を見せてくださるのを待っていました。そして、バガヴァンが現れると、最初に質疑応答が少しあり、あとはバガヴァンが目を閉じて坐っている姿の前で、私たちはバガヴァンからのメッセージを心の中で受け取るのです。

はじめてそこでお会いしたときには、前から三番目くらいのところに席が取れたため、バガヴァンが近くで見える位置でした。私は静かに目を閉じてバガヴァンのエネルギーを感じさせていただいたところ、生きている人からあれほどの強烈なエネルギーを感じたのははじめてでした。

ちょうど強烈な光に当たって、電撃が走ったような感じでした。だいぶ離れた距離から、目の前でバガヴァンの坐っている姿にお会いしただけなのですが、頭の中が空白になったような感じでした。

そのあと帰り際、まるで二日酔いのような状態になってしまいました。私はお酒が全然飲めないのですが、二日酔いってこうなんだろうな、と思いました。なぜか足がフラフラしてしまい、まともに歩けないような感じなのですが、気分はとてもよいのです。いったい何が起こったのだろう、と不思議でした。このときに本物の聖者のエネルギーのすごさをはじめて体験させていただきました。

## 「本物の師」との出会いが実現

私は生きている間にこのような聖者とお会いできたことをとても幸せに感じました。

カルキ・バガヴァンは、聖者であるにもかかわらず、「私のことは、単なる友達と思ってください」といわれ、全然、偉ぶったりする様子は見られません。

「私を試してください。ユーザーとして私を使ってください。自分にとってプラスでなければやめればいいし、自分にとってプラスと思うところだけを使えばよいでしょう」と、すごく気さくなのです。

それであともう一回は、特別に日本人向けに大きな部屋で会ってくださり、質疑応答を受けてくださいました。

そして、予定の二十一日間が終わって帰るときに、帰国の日だったのですが、いきなりお弟子さんが私に、「カルキ・バガヴァンが呼んでいます」といわれました。「そんなはずはない」と思い、お弟子さんの部屋に行くか、あるいは何かメッセージが託されているのかなと思って、軽い気持ちで行きました。

すると全然違う場所へ連れて行かれました。カルキ・バガヴァンは、私たち日本人がセミナーを受けたキャンパスから車で四十分ぐらいのところに住んでおられたのですが、そこへ連れて行ってくださったのです。そして着いたところ、直接会ってくださるとのことでした。突然のことだったので、とても驚きました。

私をどうして呼んでくださったのかわかりませんが、とにかく会ってくださることになりました。そして、バガヴァンのお部屋に通訳の人と共に呼ばれたのです。「どうぞ前に」といっていただき、「何でも質問していいですよ」といわれました。ところが、バガヴァンのすぐ前に坐らせていただいたとたん、今まで感じたことのない、とてつもない優しさのエネルギーに包まれ、自分の存在が一瞬消えてしまったような感じを受け、呆然としてしまいました。そのために、何の質問もできず、ただ、私は「ありがとうございます。本当に今回、ここに来れただけで幸せです」としか返答ができませんでした。

カルキ・バガヴァンからは、「あなたの願いがかなうよう、応援をしましょう」というような趣旨のお話がありました。

そのあと、私の頭の上に手を置いてくださいました。すると、強烈なエネルギーが私の頭の中に入り、深い瞑想に入ったような感じになり、なかなか立ち上がれませんでした。

私はヨーガナンダの『ヨガ行者の一生』を読んだときにあこがれていた聖者と同じような聖者にお会いできたのです。その本の中で紹介されていた、ブッダ、イエス・キリスト、クリシュナ、スリ・ユクテスワ、ババジなどの聖者は、私のあこがれだったのです。

ですから、本当に私が二十代のときに心から望んだことが今、実現したわけです。私は長い間、真我の探究をしてきて、欲しいものは特になかったのですが、ただ、肉体をもった本物の聖者と会いたい、というのが、ずっと心からの願いとしてあったわけです。

でも今生では、それはもう無理だと思っていたのですが、今になって、ついに実現したというわけです。そのとき私は、ずっと願っていることは、いつかは必ず実現するということが証明されて、たいへんうれしく思いました。

## カルキ・バガヴァンとの質疑応答

**原**　バガヴァンは「あなたの身体はあなたの身体ではありません」といわれています。私は子供の頃から病気の問屋状態でした。私は自分の病気を治す過程で自分の臓器の一つひとつに話しかけ、感謝の気持ちを伝えていったところ、肝臓や腸、腎臓が喜んでくれたようで、働きだしてくれて健康を取り戻しました。そのときに身体には別の意識があって、それぞれの細胞が助け合いながら肉体を維持してくれていることに気づかせていただきました。そこで、「あなたの身体はあなたの身体ではない」との意味は、身体は私たちが五感を体験するために与えられた「聖なる入れ物」であると解釈すればよいのでしょうか？

**バガヴァン**　そうです、まったくその通りです。多くの人は、体を自分のものだと思って、それに敬意をもっていないために病気になります。しかし、もしそれが自分の体ではないことを知り、敬意をもつなら、とても健康になるでしょう。つまり、多くの人は自分の体に敬意を表していないのです。自分の体を敬い、あなたがいうように感謝を表すとき、体は健康的になります。

**原** 私は病気を治す過程で、一つひとつの病気に感謝して、かなり快復してきました。さらに最近では、身体の各部分に、神経細胞に対しても「私は心からあなたを愛しています」と伝えると、身体がとても喜んでいるように感じます。これを多くの人に伝えていきたいと思っているのですが。

**バガヴァン** はい、ぜひ、そうしてください。

**原** 次に祈り方についてですが、イエス様が聖書の中で、「あなた方が祈って願ったことは、すでに得たことと信じなさい。そうすればその願いはかなう」といわれています。この願い方で、私は今までいろんな願いをかなえていただきました。ところが、ここのコースを受けてから、聖なる存在に対してお祈りするとき、「何々様（聖なる存在の名前）、どうか何々をしてください」というようにお祈りすることが多くなってきています。

たとえば、聖なる存在に対して、「私の内側を無償の愛で満たしてください」とお願いする方法と、もう一つ、「私の内側を無償の愛で満たしてくださってありがとうございます」と、すでにかなったこととしてお祈りする方法と二つあります。この二つというのは、時と場合で分けたほうがよいのかどうか、なにか祈りについてアドバイスがあったら教えてください。

**バガヴァン**　基本的には、健康やお金、地位、さまざまな問題など世俗的なことは、それがすでにかなったものとして祈らなければなりません。それがかなえられたとして祈るのです。しかし、内側のことに関しては、そのままお願いしなければなりません。外側の世界のことは、まるでかなったかのように祈ります。しかし、内側の世界ではそのまま願います。それが違いです。もちろん、内側の世界でも、それが完璧にかなったと完全に信じて、願うこともできます。

祈りにおいてもっとも重要なことは、「それがかなった」と考えるというより、むしろ、「それがかなった」とあなたはいっているのですから、あなたは「ありがとう」といわなければなりません。「ありがとう」が秘訣です。

「感謝力」で真我に目醒める

著　者　　原　久子
発行者　　真船壮介
発行所　　KK ロングセラーズ
　　　　　東京都新宿区高田馬場4-4-18　〒169-0075
　　　　　電話（03）5937-6803(代)　振替 00120-7-145737
　　　　　http//www.kklong.co.jp

印刷・製本　中央精版印刷(株)
落丁・乱丁はお取り替えいたします。※定価と発行日はカバーに表示してあります。
ISBN978-4-8454-5191-3 Printed In Japan 2024

本書は2020年１月に出版した書籍を改題改訂したものです。